Guttentag'sche Sammlung
Nr. 55. Deutscher Reichsgesetze. Nr. 55.
Text-Ausgaben mit Anmerkungen.

Das Recht der Beschlagnahme von Lohn- und Gehaltsforderungen.

Auf Grundlage der Reichsgesetze vom 21. Juni 1869 und 29. März 1897 und der Zivilprozeßordnung mit Einleitung, Anmerkungen und Sachregister

dargestellt von

Georg Meyer,
Rechtsanwalt beim Kgl. Landgericht I Berlin.

Zweite vermehrte Auflage.

Berlin 1904.
J. Guttentag, Verlagsbuchhandlung.

Vorwort.

Das Recht der Beschlagnahme von Lohn- und Gehaltsforderungen ist bisher, soweit bekannt, im Zusammenhange noch nicht ausführlich behandelt worden; selbst Schriften über die Zwangsvollstreckung — von den Kommentaren zur Zivilprozeßordnung ganz zu schweigen — lassen viele Einzelfragen der Materie unerörtert, manche Zweifel bestehen. — Die für das Verständnis schwierigen Bestimmungen der Novelle zum Lohnbeschlagnahmegesetze (LBG.) sind bisher überhaupt nicht erschöpfend erläutert worden.

Und doch ist es für den Praktiker von großer Wichtigkeit, bis in das Einzelne hinein über die Schwierigkeiten Aufschluß zu erlangen, welche die den Gegenstand betreffenden Gesetzesvorschriften in der Anwendung bieten.

Dazu kommt noch, daß das Lohnbeschlagnahmegesetz im Laufe der Zeit mancherlei Abänderungen erfahren hat, welche aus verschiedenen Gesetzen zusammengetragen werden müssen, und daß dadurch der klare Überblick über seine jetzt geltenden Normen recht erschwert ist.

Grund genug für den Versuch einer ausführlichen Darstellung des gesamten Rechts in der Frage der Lohn- und Gehaltsbeschlagnahme! — Dieser Versuch hat sich nicht, wie der nur der Kürze halber gewählte Titel der Schrift vermuten läßt, darauf beschränkt, das Beschlagnahmerecht lediglich, soweit „Lohn" oder „Gehalt" in Betracht kommen, zu erörtern, sondern auch dahin geführt, jedwede Arbeitsvergütung, gleichviel wem sie zukommt und in welcher Art sie geleistet wird, auf ihre Beschlagnahmefähigkeit eingehend zu prüfen. Es sind daher, wenn auch für die äußere Form der Arbeit der Kommentar zum Lohnbeschlagnahmegesetze gewählt wurde, die Fälle nicht unberücksichtigt geblieben, in denen nach anderen, als nach den Bestimmungen dieses Gesetzes das Recht gegeben ist, die gedachten Forderungen zu pfänden.

Die Form des Kommentars zum Reichsgesetze vom 21. Juni 1869 ermöglichte auch eine Besprechung der wichtigen Frage, inwieweit Angestellte aller Art mit Rücksicht auf die Vorschriften des BGB. über ihre Vergütungen rechtswirksam verfügen können.

Ein ausführliches Sachregister und eine schematische Übersicht über Zulässigkeit und Umfang der Beschlagnahme sollen den Gebrauch des Buches erleichtern. Eine Zusammenstellung von Behörden, welchen als Drittschuldnern bei Pfändung von Dienstbezügen eines Beamten in Vertretung des Reichs- bezw. Landesfiskus der Pfändungsbeschluß zuzustellen ist, dürfte vielen erwünscht sein.

Möge das Buch der Praxis, für welche es geschrieben ist, brauchbar erscheinen!

Berlin, im Mai 1900.

Der Verfasser.

Vorwort zur zweiten Auflage.

Die zweite Auflage meines Buches hat infolge der vielen Anregungen, welche die inzwischen erschienene Literatur und die Praxis der Gerichte, insbesondere die Rechtsprechung des Kgl. Landgerichts I Berlin — deren Einsicht mir gütigst gestattet war — auf dem Gebiete der Lohnbeschlagnahme boten, eine erhebliche Vermehrung des Stoffes und ein vertieftes Eindringen in denselben nötig gemacht. Vermessen wäre es von mir, zu behaupten, daß keine Frage auf dem großen behandelten Gebiete unbeantwortet geblieben wäre; indessen darf ich der Hoffnung Raum geben, daß nicht viele und nicht grundsätzliche Fragen von mir — unbeabsichtigt — übergangen sind.

Neu hinzugekommen ist die Darstellung der Lohnbeschlagnahme in allen denjenigen Fällen, auf welche das Reichsgesetz vom 21. Juni 1869 selbst keine Anwendung findet (Exkurs zu § 1). Bei Erläuterung des § 2 des Gesetzes sind entsprechend seiner großen Bedeutung für die Gestaltung der

Dienstverträge, deren zahlreiche, durch das Verkehrsleben gezeitigten Nebenverträge vollständiger, als früher aufgezählt und an dem im Abs. 2 gegebenen Maßstabe auf ihre Zulässigkeit gemessen, auch die Verrechnung von Vorschußleistungen bei Eintritt einer Gehaltspfändung, die Aufrechnung und Zurückbehaltung gegenüber Lohnforderungen eingehend erörtert. Im § 3 ist die Pfändbarkeit der Vergütung, in § 4 Nr. 3 das Verhältnis bevorrechtigter zu nichtbevorrechtigten Gläubigern und zu einander ausführlich dargelegt.

Das Verfahren der Beschlagnahme ist im Anhang I völlig neu bearbeitet, im Anhang II das Verzeichnis der als Drittschuldner in Betracht kommenden Behörden wesentlich ergänzt worden; auch das Sachregister habe ich reichhaltiger ausgestaltet.

Möge das Werk in seiner zweiten Auflage die alten Freunde, die es zu meiner großen Genugtuung erworben, sich erhalten und neue gewinnen!

Berlin, im Juni 1904.

Der Verfasser.

Inhaltsübersicht.

Seite

I. Einleitung: Zur Geschichte des Gesetzes vom 21. Juni 1869 15
Umgestaltung des Gesetzes 17
II. Text des Gesetzes in jetziger Fassung . . 19
III. Erläuterungen des Gesetzes.
§ **1.** Die Beschränkungen der Lohnbeschlagnahme. Die Fälle der Nichtanwendbarkeit des Gesetzes. Exkurs: Die Beschlagnahme der Lohnforderungen in diesen Fällen (materiellrechtlich) 23
§ **2.** Die Verfügung des Arbeiters über die Lohnforderung durch ein- und zweiseitige Rechtsgeschäfte 40
Exkurs: Aufrechnung und Zurückbehaltung gegenüber Lohnforderungen 43
§ **3.** Begriff der Vergütung 49
Ihr Gegensatz zur Entschädigung 50
Arten der Vergütung. 52
Pfändbarkeit der Vergütung 54
Feststellung des reinen Lohnes 55
§ **4.** Die Ausnahmen von den Beschränkungen des § 1 56
A. Allgemeines 57
B. Einzelnes:
1. Die Pfändung des Gehalts und der Dienstbezüge der öffentlichen Beamten, Begriff und Einteilung derselben. 58
§ 850 ZPO.: Diensteinkommen, Pension und Sterbe- oder Gnadengehalt 61

Seite
Ermittlung ihres pfändbaren Teiles . . 63
Exkurs: Das Recht der Beamten, über ihre Dienstbezüge zu verfügen 66
2. Die Pfändung des Dienstlohnes und der Dienstbezüge zum Zwecke der Beitreibung von Steuern und Abgaben . 67
Rechtszustand in Preußen. 68
3. Die Pfändung des Dienstlohnes und der Dienstbezüge zum Zwecke der Beitreibung von Unterhaltsbeiträgen der Verwandten, des Ehegatten und des früheren Ehegatten 69
I. Verhältnis der Bestimmung zu § 850 ZPO. 69
II. Die Bestimmung und das geltende Zivilrecht. 70
III. Das Vollstreckungsvorrecht der Genannten:
a) Personen 71
b) Gegenstand 72
c) Inhalt 72
d) Umfang 72
e) Verwirklichung 75
IV. Das Verhältnis der bevorrechtigten zu nicht bevorrechtigten Gläubigern . . 76
V. Das Verhältnis der Bevorrechtigten zu einander. 76
4. Die Pfändung des 1500 M. für das Jahr übersteigenden Arbeits- oder Dienstlohnes. 77
§ 4a) Die Pfändung des Dienstlohnes und der Dienstbezüge zum Zwecke der Beitreibung von Unterhaltsbeiträgen für uneheliche Kinder. 83
I. Auslegung des Wortlautes 84
II. Verhältnis der Bestimmung zu § 850 ZPO. 86

Seite

III. Die Bestimmung und das Zivilrecht . . 86

IV. Das Vollstreckungsvorrecht d. Genannten:

1. Bevorrechtigte Personen 87

2. Gegenstand 88

3. Inhalt 88

4. Umfang; Beschränkung durch

a) das Recht des Vaters 89

b) das Recht der unterhaltsberechtigten Verwandten, wenn ihre Ansprüche

aa) für den nämlichen Zeitraum 90

bb) nicht für den nämlichen Zeitraum, wie die Ansprüche der unehelichen Kinder erhoben werden 93

5. Verwirklichung des Vorrechts . . . 95

V. Verhältnis der Bevorrechtigten zu Nichtbevorrechtigten 95

VI. Verfahren im Falle der Konkurrenz mehrerer Bevorrechtigter 96

§ 5. Zeitliche Grenzen des Gesetzes: Rückwirkende Kraft des § 4 a des Gef. und § 850 Abs. 4 ZPO. 96

IV. Anhang I: Das Verfahren der Beschlagnahme von Lohn- und Dienstbezügen

1. der Pfändungsantrag 98

2. der Pfändungsbeschluß 100

3. die Anfechtung desselben 102

II: Zusammenstellung von Behörden, welchen bei der Pfändung der Dienstbezüge (Diensteinkommen, Pension, Dispositionsgehalt, laufender Unterstützung, Amtskaution) von Reichs-, preußischen Staats-, städtischen und Gemeindebeamten als Drittschuldnern der Pfändungsbeschluß zuzustellen ist 104

V. Sachregister 153

Literaturverzeichnis und Abkürzungen.

Bezold: Das Reichsgesetz betreffend die Beschlagnahme des Arbeits- oder Dienstlohnes. Vom 21. Juni 1869.

Dr. Pick: Die Lohnbeschlagnahme nach österreichischem und deutschem Rechte.

Dr. Sinzheimer: Lohn und Aufrechnung.

Staudinger: Die Einführung Norddeutscher Justizgesetze als Reichsgesetze in Bayern. Abteilung II. S. 134 fg.

Keidel: Die Novelle zum Lohnbeschlagnahmegesetz und zur Reichszivilprozeßordnung vom 27. März 1897 in Seufferts Blättern für Rechtsanwendung zunächst in Bayern. (15. Ergänzungsband S. 225 fg.)

Mandry: Zivilrechtlicher Inhalt der Reichsgesetze.

Struckmann u. Koch, Zivilprozeßordnung, 7. Auflage (1900).

v. Wilmowski-Levy: Zivilprozeßordnung.

Gaupp u. Stein: Zivilprozeßordnung.

Lisiecki u. Drewes: Die Zwangsvollstreckung in das bewegliche Vermögen.

Müller: Die preußische Justizverwaltung.

Busch: Zeitschrift für deutschen Zivilprozeß.

Seuffert: Archiv für Entscheidungen der obersten Gerichte.

Gruchot: Beiträge zur Erläuterung des deutschen Rechts.

Planck: Bürgerliches Gesetzbuch nebst Einführungsgesetz.

Dernburg: Das bürgerliche Recht.

Habicht: Die Einwirkung des BGB. auf zuvor entstandene Rechtsverhältnisse.

Laband: Staatsrecht des Deutschen Reichs.

v. Schicker: Gewerbeordnung für das Deutsche Reich.

Staub: Kommentar zum Handelsgesetzbuch.

Entscheidungen des Reichsgerichts = RG.

Entscheidungen des Reichsoberhandelsgerichts = ROHG.

Die Rechtsprechung der Oberlandesgerichte v. Mugdan u. Falkmann = OLG.

Blätter für Rechtspflege im Bezirk des Kammergerichts = Bl. f. Rpf.

Deutsche Juristen-Zeitung = D. J.-Ztg.

Juristische Wochenschrift = J.W.

Stenographische Berichte über die Verhandlungen des Reichstags des Norddeutschen Bundes 1869 = Sten.Ber.

I.

Einleitung.

Zur Geschichte des Reichs-Gesetzes vom 21. Juni 1869.

1.

Die Frage, ob und inwieweit die Beschlagnahme des noch nicht verdienten, zukünftig geschuldeten Lohnes unzulässig, beziehungsweise zu beschränken ist, betrifft einen Gegenstand, welcher an sich in die Zivilprozeßordnung unter das Kapitel „Zwangsvollstreckung" gehört; ihn durch besonderes Gesetz vorweg zu regeln, erschien auch den gesetzgebenden Faktoren im Jahre 1869 nicht unbedenklich. Wenn trotzdem schließlich die Bedenken hiergegen schwiegen, so waren es lediglich dringende praktische Gründe, welche ein sofortiges Einschreiten der Gesetzgebung erheischten. Die Verschiedenheit der Meinungen und Rechtsprechungen in diesem Zweige der staatlichen Tätigkeit und die hierdurch herbeigeführte Unsicherheit in einer Frage, welche das Wohl und Wehe zahlreicher Arbeiterklassen täglich und stündlich unmittelbar berührte, wurden als ein sehr ernstes Übel anerkannt, welches schleunige Abhilfe erforderte. Das schnelle Eingreifen der Gesetzgebung erschien um so gebotener, je mehr sich die öffentliche Aufmerksamkeit auf die Lage der Arbeiter richtete und je mehr sich die Anschauung Bahn gebrochen hatte, daß die persönliche Leistungsfähigkeit des Menschen, der Hauptfaktor aller Vermögenswerte, in keiner Weise, sei es durch Aufhebung seiner persönlichen Freiheit, wie bei der Schuldhaft, sei es durch Schwächung seiner Schaffensfreudigkeit, wie bei der Lohnbeschlagnahme, eingeengt oder nur angetastet werden dürfte.

Daher legte die Regierung auf eine Resolution des Reichstages vom 18. Mai 1868 diesem in der Session von 1869 einen Gesetzentwurf vor, auf Grund dessen „der Arbeits- oder Dienstlohn, ohne Unterschied, ob derselbe bereits verdient war oder nicht, nur insoweit der Beschlagnahme unterliegen sollte, als er nicht zum notdürftigen Unterhalte des Schuldners und seiner Familie erforderlich war". Die zur Beratung des Entwurfs eingesetzte Kommission des Reichstages gelangte jedoch zur Überzeugung der Unannehmbarkeit der Vorlage, weil sie ein Ausnahmerecht für einzelne Berufskreise in ihm erblickte, einigte sich aber über zwei große Gesichtspunkte, welche der Ausgangspunkt für die endgültige Gestaltung des Gesetzes wurden. Erstens wurde die natürliche Grenze festgestellt, bis zu welcher allgemein — ohne Beschränkung auf bestimmte Klassen von Personen — und ohne Verletzung sittlicher und rechtlicher Fundamentalsätze der richterliche Zwang zum Zwecke der Lohnbeschlagnahme angerufen werden könne; sodann wurde die gesetzliche Regelung auf solche Verhältnisse beschränkt, welche eine gewisse Stetigkeit aufweisen und welchen der Arbeitende, wenn nicht seine ganze, so doch seine hauptsächliche Erwerbstätigkeit widmet.

Damit war die Grundlage für die Abänderungsanträge gewonnen, welche von der Mehrheit der Kommission zum Beschlusse erhoben, später Gesetz wurden. Einige weitere Änderungen erfuhr der Entwurf noch in den Plenardebatten des Reichstages, welche hier füglich übergangen werden können, weil sie, soweit sie interessieren, bei der Erläuterung der einzelnen Paragraphen Platz finden werden.

Das vom Reichstage am 23. Mai 1869 in dritter Lesung angenommene Gesetz wurde nach Zustimmung des Bundesrats am 21. Juni 1869 verkündet, trat für das Gebiet des Norddeutschen Bundes am 1. August 1869 in Kraft, wurde durch Gesetz vom 16. April 1871 Reichsgesetz und ist als solches auch in Elsaß-Lothringen, Helgoland, den Schutzgebieten und den Konsularbezirken in Geltung.

2.

Die ursprüngliche Fassung des Gesetzes hat im Laufe der Jahre weitgehende Umgestaltungen erfahren.

a) Die Zivilprozeßordnung vom 30. Januar 1877 nahm in § 749 allerdings unter den der Pfändung nicht unterliegenden Forderungen unter Nr. 1 „den Arbeitslohn oder Dienstlohn nach den Bestimmungen des Reichsgesetzes vom 21. Juni 1869" auf, änderte aber auf der andern Seite die Bestimmungen des § 4 Ziffer 3 und 4 des Gesetzes durch Absatz 3 und 4 seines § 749 dahin ab, daß

1. der Gehalt und die Dienstbezüge der im Privatdienst dauernd angestellten Personen nur soweit der Pfändung unterworfen wurden, als der Gesamtbetrag die Summe von 1500 M. für das Jahr überstieg,
2. die Pfändung ohne Rücksicht auf den Betrag zulässig erklärt wurde, wenn sie zur Befriedigung der Ehefrau und der ehelichen Kinder des Schuldners wegen solcher Alimente beantragt war, welche für die Zeit nach Erhebung der Klage und für das diesem Zeitpunkt vorausgehende letzte Vierteljahr zu entrichten waren.

b) Von viel größerer Tragweite, als die eben angeführten Änderungen waren die Bestimmungen, welche das Reichsgesetz vom 29. März 1897 wegen Abänderung des Gesetzes betreffend die Beschlagnahme des Arbeits- oder Dienstlohnes und der Zivilprozeßordnung infolge des Umschwunges in den sozialpolitischen Anschauungen traf. Es dehnte die Vergünstigung der Familienglieder, d. h. der Ehefrau und ehelichen Kinder, bei Pfändung des Lohnes des Verpflichteten wegen ihrer Ansprüche an Alimenten (§ 4 Nr. 3 d. Ges.) auf die Unterhaltsansprüche der geschiedenen Ehefrau und des unehelichen Kindes — letzteres allerdings in einem beschränkten Umfange —

aus (§ 4a d. Ges.) und brachte die Zivilprozeßordnung und das Lohnbeschlagnahmegesetz in Einklang.

c) Endlich hat das Einführungsgesetz zu dem Gesetze betreffend Änderungen der Zivilprozeßordnung vom 17. Mai 1898 in Artikel III den § 4 Nr. 4 unseres Gesetzes dahin abgeändert, daß letzteres bei allen, nicht nur den dauernd Angestellten, d. h. denjenigen, deren Dienstverhältnis auf mindestens ein Jahr bestimmt oder mit einer Frist von mindestens drei Monaten aufzukündigen ist, die Lohnpfändung über den Jahresbetrag von 1500 M. hinaus gestattet.

Auf diese Weise hat

das Gesetz, betreffend die Beschlagnahme des Arbeits- oder Dienstlohnes, vom 21. Juni 1869 (BGBl. S. 242) [**LBG.**]

jetzt folgenden Wortlaut erhalten:

§ 1.

Die Vergütung (Lohn, Gehalt, Honorar u. s. w.) für Arbeiten oder Dienste, welche auf Grund eines Arbeits- oder Dienstverhältnisses geleistet werden, darf, sofern dieses Verhältniß die Erwerbsthätigkeit des Vergütungsberechtigten vollständig oder hauptsächlich in Anspruch nimmt, zum Zwecke der Sicherstellung oder Befriedigung eines Gläubigers erst dann mit Beschlag belegt werden, nachdem die Leistung der Arbeiten oder Dienste erfolgt und nachdem der Tag, an welchem die Vergütung gesetzlich, vertrags- oder gewohnheitsmäßig zu entrichten war, abgelaufen ist, ohne daß der Vergütungsberechtigte dieselbe eingefordert hat.

§ 2.

Die Bestimmungen des § 1 können nicht mit rechtlicher Wirkung durch Vertrag ausgeschlossen oder beschränkt werden.

Soweit nach diesen Bestimmungen die Beschlagnahme unzulässig ist, ist auch jede Verfügung durch Cession, Anweisung, Verpfändung oder durch ein anderes Rechtsgeschäft ohne rechtliche Wirkung.

§ 3.

Als Vergütung ist jeder dem Berechtigten gebührende Vermögensvortheil anzusehen. Auch macht es keinen Unterschied, ob dieselbe nach Zeit oder Stück berechnet wird.

Ist die Vergütung mit dem Preise oder Werth für Material oder mit dem Ersatz anderer Auslagen in ungetrennter Summe bedungen, so gilt als Vergütung im Sinne dieses Gesetzes der Betrag, welcher nach Abzug des Preises oder des Werthes der Materialien und nach Abzug der Auslagen übrig bleibt.

§ 4.

Das gegenwärtige Gesetz findet keine Anwendung:

1. auf den Gehalt und die Dienstbezüge der öffentlichen Beamten;

2. auf die Beitreibung der direkten persönlichen Staatssteuern und Kommunalabgaben (die derartigen Abgaben an Kreis-, Kirchen-, Schul- und sonstige Kommunalverbände mit eingeschlossen), sofern diese Steuern und Abgaben nicht seit länger als drei Monaten fällig geworden sind;

3. auf die Beitreibung der den Verwandten, dem Ehegatten und dem früheren Ehegatten für die Zeit nach Erhebung der Klage und für das diesem Zeitpunkte vorausgehende letzte Vierteljahr kraft Gesetzes zu entrichtenden Unterhaltsbeiträge;

4. insoweit der Gesammtbetrag der Vergütung (§§ 1, 3) die Summe von fünfzehnhundert Mark für das Jahr übersteigt.

§ 4a.

Auf die Beitreibung der zugunsten eines unehelichen Kindes von dem Vater für den im § 4 Nr. 3 bezeichneten Zeitraum kraft Gesetzes zu entrichtenden Unterhaltsbeiträge findet dieses Gesetz nur insoweit Anwendung, als der Schuldner zur Bestreitung seines nothdürftigen Unterhalts und zur Erfüllung der ihm seinen Verwandten, seiner Ehefrau oder seiner früheren Ehefrau gegenüber gesetzlich obliegenden Unterhaltspflicht der Vergütung (§§ 1, 3) bedarf. Hierbei werden ausschließlich die Leistungen berücksichtigt, welche vermöge einer solchen Unterhaltspflicht für den nämlichen Zeitraum oder, falls die Klage zugunsten des unehelichen Kindes nach der Klage eines Unterhaltsberechtigten erhoben ist, für die Zeit von dem Beginne des der Klage dieses Berechtigten vorausgehenden letzten Vierteljahrs ab zu entrichten sind.

§ 5.

Dieses Gesetz tritt am 1. August 1869 in Kraft.

Die bis dahin verfügten, mit den Vorschriften dieses Gesetzes nicht vereinbaren Beschlagnahmen sind auf Antrag des Schuldners aufzuheben oder einzuschränken.

Dagegen finden die Bestimmungen des zweiten Absatzes des § 2 auf frühere Fälle keine Anwendung.

Urkundlich ...

Gegeben Berlin, den 21. Juni 1869.

(L. S.) Wilhelm.

Gr. v. Bismarck-Schönhausen.

In dieser Fassung ist das Gesetz jetzt auf Grund des § 850 Nr. 1 ZPO. geltendes Recht.

II.
Erläuterungen des Gesetzes.

§ 1.

Die Vergütung (Lohn, Gehalt, Honorar u. s. w.) für Arbeiten oder Dienste, welche auf Grund eines Arbeits- oder Dienstverhältnisses geleistet werden, darf, sofern dieses Verhältniß die Erwerbsthätigkeit des Vergütungsberechtigten vollständig oder hauptsächlich in Anspruch nimmt, zum Zwecke der Sicherstellung oder Befriedigung eines Gläubigers erst dann mit Beschlag belegt werden, nachdem die Leistung der Arbeiten oder Dienste erfolgt und nachdem der Tag, an welchem die Vergütung gesetzlich, vertrags- oder gewohnheitsmäßig zu entrichten war, abgelaufen ist, ohne daß der Vergütungsberechtigte dieselbe eingefordert hat.

A.

Dieser Paragraph enthält die **Hauptbestimmung** des Gesetzes; er regelt die Voraussetzungen, unter denen eine Beschlagnahme, das heißt eine Pfändung des Arbeits- oder Dienstlohnes zur Sicherung oder Befriedigung des

Gläubigers zulässig sein soll, spricht diese aber nicht positiv, sondern negativ aus.

In positiver Form ist die Pfändung des Arbeits- oder Dienstlohnes als Forderungspfändung an folgende **Voraussetzungen, welche insgesamt zutreffen müssen,** geknüpft:

1. **Ein Anspruch auf Vergütung für Arbeiten oder Dienste** muß vorhanden sein; der Leistung von Arbeiten oder Diensten von seiten des einen Teiles muß also die Verpflichtung des anderen Teiles zur Gewährung von Vergütung gegenüberstehen.

a) Die Arbeiten oder Dienste sind ihrer Art nach unbeschränkt, können daher natürlich sehr verschiedenartige sein, körperliche oder geistige, untergeordnete oder höhere, mechanische (technische) oder kaufmännische, handwerksmäßige oder künstlerische, reproduktive oder schöpferische. Ohne Einfluß ist es, ob sie in oder außerhalb der Behausung beziehungsweise Betriebsstätte des Dienstberechtigten und ob sie für Personen geleistet werden, welche der häuslichen Gemeinschaft des Dienstberechtigten angehören oder nicht. Das ganze große Gebiet von Leistungen, wie sie auf Grund von Dienst- oder Werkverträgen übernommen zu werden pflegen (§§ 611 fg., §§ 631 fg. BGB.), zählt unter die Arbeiten oder Dienste im Sinne von § 1 des Gesetzes: Die Leistungen des Holzhackers, des Fabrik-, Werk- und Hüttenarbeiters, des Gesellen, Gewerbegehülfen und Dienstboten, welche der Entwurf des Gesetzes in § 1 benannte, gehören an sich ebenso hierher, wie diejenigen der Zeitungsredakteure, Künstler, Tänzerinnen, welche der Abgeordnete Lasker als Berichterstatter der Kommission hervorhob. Bezüglich der Leistungen der Schauspieler und Sänger eines Theaters hat das Reichsgericht dies ausgesprochen (Entscheid. Bd. 41 S. 53); von den Leistungen seiner Choristen, Musiker und des ganzen technischen Personals wird dasselbe gelten müssen. Das Urteil des Reichsgerichts Bd. 17 S. 86 steht dem nicht entgegen; der Begriff der Arbeiten und Arbeiter im Sinne der Versicherungsgesetze ist viel enger, als derselbe Begriff im Sinne dieses Gesetzes. Dies geht schon aus der Klassifizierung, welche Lasker gab, hervor, findet auch ferner im § 1 Ausdruck in den verschiedenen Bezeichnungen der „Vergütung" wie „Lohn, Gehalt, Honorar usw." — Daher hat das Kammergericht auf die Tätigkeit des Artisten einer Spezialitätenbühne mit Recht das gegenwärtige Gesetz angewendet (vgl. Bl. f. Rpf. 00 Nr. 3).

Der Kreis derjenigen Personen, welche gegen Entgelt ihre Arbeitstätigkeit unmittelbar in fremde Dienste stellen und auf diese Weise verwerten (Arbeiter im weitesten Sinne des Wortes, Gesinde § 1 Ges.-Ord., zur Dienstleistung Verpflichtete § 613 BGB., Unternehmer § 631 BGB., Vergütungsberechtigte § 1 des Gesetzes) ist ebensowenig beschränkt, wie der Kreis derjenigen, welche als Arbeitgeber im weitesten Sinne des Wortes (Dienstberechtigte § 615 BGB., Dienstherrschaften im Gebiete der Gesindeordnung, Besteller § 631 BGB.) Dienste anderer in Anspruch nehmen. Letztere können Private, Kaufleute, Fabrikanten, Gewerbetreibende jeder Art, auch juristische Personen, insbesondere Korporationen des öffentlichen Rechts, wie religiöse Korporationen, Gemeinden, ja der Staat selber sein.

Gegenstand der Leistungen können einerseits die Dienste für sich betrachtet oder die Arbeiten als solche, andererseits der hierdurch herbeizuführende Erfolg, das Produkt der Arbeit, sein. Meistens werden ja die Dienste und Arbeiten an sich gedungen sein, werden also Dienstverträge vorliegen (§§ 611 fg. BGB.), indessen lassen sich sehr wohl Fälle denken, in denen durch die Leistung zu bewirkende Erfolge oder Herstellung beziehungsweise Veränderung einer Sache, wie bei den Werkverträgen (§§ 631 fg. BGB.) den Vertragsinhalt bilden, zum Beispiel der Transport von Sachen und Personen oder wissenschaftliche und künstlerische Schöpfungen. Es ist kein

Grund vorhanden, diese Leistungen von den Arbeiten und Diensten im Sinne dieses Gesetzes auszunehmen; auch bei diesen bildet ein „Arbeitsverhältnis" die Grundlage, ebenso Mandry S. 210, Sinzheimer S. 41, RG. Entsch. Bd. 38 S. 113; aM. Pick S. 35.

Es ist keineswegs erforderlich, daß die Arbeiten und Dienste auf Grund eines Vertrages geleistet werden, wenn dies auch die Regel bilden wird; die außerhalb eines solchen wie bei der Geschäftsführung ohne Auftrag (§§ 677 fg. BGB.) tatsächlich erfolgten Leistungen, für welche Vergütung zu beanspruchen ist, sind ebenfalls unter die Arbeiten und Dienste des § 1 zu rechnen.

b) Der Anspruch des Arbeiters auf die Vergütung, seine Lohnforderung, ist demnach entweder vereinbart (§ 611, § 641 BGB.) oder als vereinbart anzusehen (§ 612, § 632 a. a. O.).

c) „Die Vergütung für Arbeiten", Lohn, Gehalt, Honorar usw., wird als deren Lohn („Arbeitslohn" in der Überschrift), als bestimmt gearteten Arbeitserfolg vom Gesetze geschützt (Sten.Ber. II S. 910; Pick S. 36 fg.; m. Auff. i. Bl. f. Rpf. 02 S. 20). Sobald aber die Vergütung diese wirtschaftliche Eigenschaft verliert und zum Bestandteile eines angesammelten Kapitals wird, büßt sie den Schutz des Gesetzes ein und unterliegt der Beschlagnahme. Dieselbe Forderung, welche für den Arbeiter Arbeitserfolg, ist beim Übergange auf einen Dritten (Erben oder Zessionar) arbeitsloses Einkommen. Aber auch schon in der Hand des Arbeiters selbst ändert sie ihren ökonomischen Charakter, wenn er durch sein eigenes Verhalten, durch Tun oder Nichttun nach Fälligkeit zu erkennen gibt, daß er sie als Entgelt seiner Leistungen nicht in Anspruch nimmt, sondern zur wirtschaftlichen Bedeutung des Kapitals erhebt (Seuffert 42 Nr. 173). Einzelnes hierüber s. S. 36; über Vergütung s. S. 49 fg.).

2. Der Anspruch des Dienste Leistenden muß auf einem **Arbeits- oder Dienstverhältnisse beruhen, welches**

die Erwerbstätigkeit vollständig oder hauptsächlich in Anspruch nimmt. Hierdurch erhält der Kreis der zu 1a bezeichneten Dienste und Personen eine erhebliche Einschränkung nach verschiedenen Richtungen hin.

a) Ein Arbeits- oder Dienstverhältnis muß vorliegen; der Bericht der Reichstagskommission Sten.Ber. Bd. 2 (S. 910) erklärt dies so: „Es werde vom Gesetz immer nur ein Lohn ins Auge gefaßt, in Betracht dessen sich ein bestimmtes, stetiges Verhältnis ausgebildet habe, — ein Verhältnis, welches keineswegs identisch ist mit einem förmlichen Vertragsabschluß, sondern welches ein tatsächlicher Zustand sei."

α) Die Stetigkeit in den Beziehungen zwischen Arbeitgeber und Arbeiter ist also hauptsächlich Erfordernis des Verhältnisses. Wenn jemand nur vorübergehend zu Dienstleistungen gedungen wird, so kann man füglich nicht von einem Arbeitsverhältnis reden, sei es nun, daß er einmal diese, einmal jene Art von Diensten verrichtet, wie ein Tagelöhner, sei es, daß seine Dienstleistungen zwar immer in dem berufsmäßigen Erwerbszweige sich bewegen, aber heute hier, morgen dort oder jetzt diesem und etwas später jenem Dienstherrn geleistet werden, wie dies z. B. beim Holzhacker, Lohnkutscher, Lohndiener, Packer, Markthelfer, Musiklehrer, Krankenpfleger, Arzt, Heilgehülfen, der Hebamme, Näherin usw. gewöhnlich der Fall ist. — Dagegen steht der von jemandem für seinen Sohn fest engagierte Hauslehrer, der in einem Krankenhaus fest angestellte Arzt und Heilgehülfe, die eben so bedienstete Hebamme, der von einer bestimmten Person, z. B. einem Arzte fest angenommene Lohnkutscher in einem Dienstverhältnisse — hier werden nicht einzelne Arbeitsleistungen, sondern die ganzen Arbeitskräfte überlassen — und ist dadurch Arbeiter im Sinne des Gesetzes. Von einem Arbeitsverhältnisse wird also nur dann die Rede sein können, wenn gleichartige Dienste einem bestimmten Herrn persönlich oder für seinen

Haushalt, Wirtschaftsbetrieb oder sein Erwerbsgeschäft geleistet werden. Die Notwendigkeit der Einheit in der Person des Arbeitgebers bestreitet Bezold, S. 117, mit Rücksicht darauf, daß dies nicht als wesentliches Requisit im Gesetze aufgeführt ist. Jedoch ist dieses unbeachtlich, da das Arbeits- und Dienstverhältnis in den Materialien des Gesetzes als „bestimmtes, individuelles" bezeichnet wird, welches „Einheit und Identität des Rechtsverhältnisses" voraussetzt (Sten.Ber. III S. 76).

Die Stetigkeit in den Beziehungen von Arbeitgeber zum Arbeiter erheischt aber auch einen Zeitumfang; auf einen von vorn herein bestimmten oder besonders großen kommt es dabei nicht an; § 4 Nr. 4 des Gesetzes stellt keinen solchen als Vorbedingung seiner Anwendbarkeit mit dem Ausdruck „für das Jahr" auf. Indessen muß das Verhältnis nach den sozialen Zuständen und Verkehrsgewohnheiten doch von einer gewissen Dauer sein oder wenigstens als dauerndes gewollt gewesen sein. Ebenso Dernburg II² S. 388, aM. Staudinger S. 155. Deshalb können natürlich Arbeiten von größerem Zeitumfange auch in das Gebiet der einmaligen Leistungen fallen (Staudinger ebenda). Die von Tag zu Tag gegebene Möglichkeit zur Lösung der Beziehungen ist auf den Charakter des Verhältnisses einflußlos, ebenso wie die tägliche Auszahlung der Vergütung (s. S. 79f. Nr. 4).

β) Die Abhängigkeit des Arbeitenden vom Arbeitgeber, ebenfalls ein wesentliches Merkmal des Dienstverhältnisses, wird entsprechend der Stellung des ersteren verschieden geartet sein, keineswegs stets zu persönlicher Botmäßigkeit verpflichten, vielmehr in der Unterordnung unter den Willen des Arbeitgebers bezüglich der Tätigkeit im allgemeinen bestehen und sich dementsprechend in dem Befolgen von Dienstordnungsvorschriften äußern, die sich auf Wohnsitz, äußeres Verhalten oder auf Beginn, Zeitdauer, Reihenfolge, Ende oder Art der Arbeiten und Dienste beziehen können (daher findet das Gesetz auch auf fest engagierte oder Dauer(Saison)gastspiele absolvierende Schauspieler Anwendung, vgl. RG. 41 S. 53). Wo beide Parteien als wirtschaftlich Gleichberechtigte sich gegenüberstehen, liegt keine Abhängigkeit, daher auch kein Verhältnis im Sinne des § 1 des Gesetzes vor.

In einem Abhängigkeitsverhältnisse steht daher nicht der Agent zum Kaufmann (Lisiecki u. Drewes S. 113) selbst bei garantiertem Mindesteinkommen Bl. f. Rpf. 01 S. 16 (dieser ist Geschäftsherr, nicht Dienstherr HGB. §§ 84 fg.); nicht der geschäftsführende Gesellschafter der offenen Handels- oder Kommanditgesellschaft, nicht der Geschäftsführer der Gesellschaft m. b. H., (ebenso Staub Kom. z. Ges. über diese Gesellsch. § 35 Anm. 48; inkonsequent daher Anm. 65 nur Gehaltspfändung über 1500 M. f. d. Jahr), nicht der Direktor der Aktiengesellschaft (ROHG. Bd. 13 Nr. 64 oder der Liquidator irgend einer Gesellschaft zur Gesellschaft, auch nicht der Hausgewerbetreibende (Begriffsbestimmung, Gewerbe-Unfallversgn. v. 5. VII. 00 § 5 b) z. B. der Zwischenmeister in der Konfektion. Der Umstand, daß er nach freier Verfügung, wenn auch dauernd von einem oder mehreren Gewerbetreibenden die einzelnen Arbeiten übernimmt und persönlich ausschließlich oder überwiegend mit Leitung, wenig oder gar nicht mit Herstellung der Erzeugnisse beschäftigt ist, unterscheidet ihn vornehmlich von dem Heimarbeiter, der auf Grund eines bindenden Arbeitsverhältnisses für einen Arbeitgeber aus besonderen Gründen in eigener Betriebsstätte tätig ist. Auf letzteren findet wegen seiner wirtschaftlichen Abhängigkeit das Gesetz Anwendung (so Bl. f. Rpf. 04 S. 60; § 119 b GewOrd.). Sichere Handhabe zur Feststellung der Grenzen beider, durch Vereinbarungen oft verwischter Begriffe bietet die Anleitung des Reichsversicherungsamtes vom 19. XII. 99. Der sog. Unternehmer, z. B. der Bauunternehmer, Gewerbetreibende großen Stils, ja selbst der gewöhnliche mit Gesellen oder fremden Arbeitskräften produzierende Handwerker genießt nicht den Schutz des Gesetzes. Mag er auch in einigen Beziehungen vom Besteller abhängig sein, so stellt er doch seine eigene Arbeitstätigkeit nicht unmittelbar in den Dienst einer anderen Person, wie der Arbeiter, sondern bedient sich für seine Produktion im allgemeinen der Arbeitskräfte dieser, wenn er auch selbst mit arbeitet (Staudinger S. 142). Seine Vergütung hat daher auch nicht den Charakter des Arbeitslohnes im Sinne des Gesetzes (s. S. 26, 50). Der Sträfling steht in keinem Dienstverhältnisse zur Strafanstalt, wenngleich sein Arbeitsverdienst gegen Beschlagnahme geschützt ist nach Kabinettordre v. 28. XII. 40, vgl. Pick S. 35.

Die Entstehungsart der Beziehungen zwischen Arbeiter und Arbeitgeber ist für die Beurteilung des Charakters ihres Verhältnisses nicht entscheidend: Ob von vorn herein ein förmlicher Vertrag besteht oder ob zunächst ein rein tatsächlicher Zustand vorhanden war, der dann in einen dauernden überging, ist gleichgültig; ein Arbeits- und Dienstverhältnis kann hier wie dort vorliegen. Eben so wenig aber, wie mit Sicherheit aus dem Vorliegen eines Vertrages auf dasselbe zu schließen ist, eben so wenig ist aus einem rein tatsächlichen Zustande gegen ein solches zu entnehmen. Ein Vertrag mit Schneider oder Schuhmacher auf Anfertigung von Kleidern und Schuhen schafft, wenn er sich auch oft wiederholt, noch kein Arbeitsverhältnis zwischen Besteller und Arbeiter. — Andererseits kann der Eintritt eines Arbeiters in eine Fabrik oder eines Gesindes in einen Haushalt zur augenblicklichen Aushülfe leicht ohne Vertrag in einen dauernden Zustand, ein Arbeitsverhältnis, übergehen.

γ) Das Dienstverhältnis setzt weiter die persönliche Leistung der Dienste voraus (Sten.Ber. III S. 584). Der Arbeiter ist zur Vertretung durch einen Dritten nicht berechtigt (§ 613 BGB.). Wegen Unternehmer (s. S. 29).

b) Das Arbeits- oder Dienstverhältnis muß die Erwerbstätigkeit vollständig oder hauptsächlich in Anspruch nehmen. Mit anderen Worten: es muß ein Erwerbsverhältnis sein, auf das sich die wirtschaftliche Existenz des Arbeitenden ganz oder wenigstens vornehmlich aufbaut. Ein solches kann nur ein einzelnes sein. — Dadurch ist aber nicht bedingt, daß die hierzu erforderliche Tätigkeit des Arbeiters seine ganze Kraft und Zeit, also seine Erwerbsfähigkeit voll oder überwiegend in Anspruch nimmt. Wird die Existenz des Arbeiters ausschließlich durch eine nur geringfügige Tätigkeit begründet, verwendet er also seine übrige Zeit nicht noch anderweitig zur Arbeit, so ist immerhin bezüglich der Erwerbstätigkeit die Vorbedingung des § 1 erfüllt; den in solchem Falle erzielten Dienstlohn von dem durch das Gesetz gewährten Vorrechte auszuschließen (ROHG. Bd. 24 S. 363 fg.) weil die Erwerbstätigkeit nur zu einem geringen Teile durch das Dienstverhältnis in Anspruch genommen wird und der Arbeiter noch zu anderem Verdienste fähig ist, erscheint nicht zutreffend. Auch Dernburgs Auffassung (Preuß. Privatr. Bd. 2, § 109 Anm. 6), der sich der Ansicht des ROHG. unter der Voraussetzung anschließt, daß der Arbeiter zu anderweitem Verdienste Gelegenheit hat, kann nicht beigetreten werden; nicht die Erwerbsfähigkeit, nur die Erwerbstätigkeit steht hier in Frage und ist allein zu berücksichtigen; so z. B. unterliegt der Gehaltsanspruch des Hauslehrers, der täglich nur wenige Stunden seinen Zöglingen Unterricht erteilt und nebenbei seine freie Zeit mit Studien für sich ausfüllt, dem Gesetze. — Wenn das hier in Betracht kommende Dienstverhältnis nur ein einzelnes sein kann, so folgt daraus, daß andere, daneben betriebene Beschäftigung, mag sie an sich auch mehr Zeit in Anspruch nehmen, als die Beschäftigung im Lohnverhältnisse, nur eine nebensächliche ist, hieraus erzielte Einkünfte daher als Nebenverdienste pfändbar sind (Sten.Ber. III S. 586 fg.), auch wenn sie als berufsmäßige und dauernde erscheinen (Bezold S. 116), z. B. der Nebenverdienst des Hauslehrers als Korrespondent einer Zeitung oder als Reichstagsstenograph, auch wenn sie an sich größer sind, als die aus der Hauptbeschäftigung gewonnenen, auch wenn sie 1500 M. für das Jahr nicht erreichen (Ggstz. § 4 Nr. 4 d. Ges.) und selbst vor Leistung der Arbeiten und vor Fälligkeit der Vergütung. — Natürlich wird durch den Nebenverdienst der Lohnanspruch aus der Hauptbeschäftigung seines gesetzlichen Vorrechts nicht beraubt.

Wegen Zusammentreffens mehrerer teils diesem Gesetze, teils der ZPO. (§ 850) unterstehender Bezüge S. 81.

3. **Die Leistung der Dienste muß erfolgt,**

4. **der Tag, an welchem die Vergütung zu entrichten war, muß abgelaufen** und

5. **die Vergütung darf nicht eingefordert sein.**

I. Allgemeines.

Diese Vorschriften 3—5 bestimmen in ihrer Gesamtheit den Augenblick, bis zu welchem die Lohnbeschlagnahme ausgeschlossen, beziehungsweise von welchem ab sie gestattet ist.

In ihnen bekundet sich der Grundgedanke des Gesetzes, verwirklicht sich der Wille, der im Erwerb begriffenen Arbeitskraft gegen jeden Angriff Schutz zu gewähren und das Produkt der Arbeitstätigkeit zunächst unangefochten in die Hände des Arbeitnehmers hinüberzuführen, damit er in der Lage sei, daraus zur Erhaltung seiner Arbeitskraft und -lust die für sich und die Seinigen für die Zeit bis zur nächsten Lohnzahlung unentbehrlichen Lebensbedürfnisse zu befriedigen. Aus diesem Gedanken heraus ergibt sich die Bestimmung des § 1, daß erst die Arbeit getan, der Lohn gezahlt und eingefordert sein muß, bevor seine Pfändung zulässig ist.

II.

Im einzelnen ist zu bemerken: Zu 3. Gewöhnlich geht die Leistung der Dienste der Lohnzahlung voraus;

erfolgt die Vergütung zum voraus, so besteht keine Lohnforderung mehr, und ist das bare, in den Händen des Arbeiters befindliche Geld an sich schlechthin pfändbar. Auf diesen Fall findet das LBG. keine Anwendung (entgegengesetzt Staudinger S. 161), ebensowenig auf rückständige Lohnforderungen (s. S. 40).

Im übrigen bietet die Beurteilung der Frage, wann die Arbeiten geleistet sind, keine Schwierigkeiten.

Zu 4. Es durfte der Moment des verdienten Arbeitslohnes nicht als Zeitpunkt, von dem ab die Pfändbarkeit des Lohnes möglich war, genommen werden, sonst wäre es statthaft gewesen, auch bei einem nach Wochen festgesetzten Lohne, die bis zu einem bestimmten Tage verdiente Lohnrate auszurechnen und zu pfänden; ebenso hätte bei einem Stücklohn (Akkordarbeit) eine Lohnpfändung mit Fertigstellung eines Stückes eintreten können. Damit würde aber die ganze oben dargelegte Absicht des Gesetzgebers vereitelt worden sein. Es wurde daher der ganze Zeitraum von Beginn des Dienstverhältnisses an bis zum gesetzlichen, vertrags- oder gewohnheitsmäßigen Zahlungstage und von diesem wieder bis zum nächstfolgenden und so fort als ein geschlossenes Ganze — als eine Lohnperiode betrachtet, welche für die Frage der Zulässigkeit der Lohnbeschlagnahme nicht in Teile zerlegt werden darf. Der Bericht der Reichstagskommission erklärte diesbezüglich: „Es ist nicht gestattet, einen Teil der Lohnperiode beliebig herauszugreifen und die während derselben abstrakt bereits verdiente Quote des Lohnes als kapitalisierte Schuld des Arbeiters gegenüber dem Lohnherrn zu betrachten; erst wenn die Lohnperiode vollständig abgelaufen ist, ist der Gesamtlohn an Stelle der Arbeit getreten" (Sten.Ber. III S. 587).

Dann fährt der Bericht fort: „Der Ablauf der Lohnperiode würde streng genommen mit dem Momente zusammenfallen, in welchem der Lohn ausgezahlt wird. Dagegen sprechen zwei Rücksichten: Die Rechtsverhältnisse lassen sich, wenn für deren Wirksamkeit eine allgemeine Zeitgrenze aufgesucht wird, überhaupt nicht gut nach Augenblicken regeln. Überdies würde das Gesetz wiederum den größten Teil seines Wertes einbüßen, wenn es dem Gläubiger gestattete, mit dem Schuldner gleichzeitig am Zahltische zu erscheinen.... Aus diesen zwingenden Gründen ist der Anfangspunkt der Exekutionsfähigkeit auf den nächsten Tag nach dem Ablauf der Lohnperiode verlegt worden."

Hiernach ist eine vor dem gedachten Tage bewirkte Pfändung oder Vorpfändung der noch ausstehenden Lohnforderung (abgesehen von den Fällen des § 4 Nr. 4 S. Ges. S. 80), wirkungslos und wird auch nicht dadurch rechtswirksam, daß der Schuldner am Zahltage den Lohn nicht erhebt. — Aber weiterhin ist auch die exekutivische Wegnahme des bereits ausgezahlten Lohnes vor dem gedachten Zeitpunkte, sei es im Augenblicke der Auszahlung, sei es unmittelbar hinterher, gesetzlich unzulässig (ebenso Staudinger S. 159 fg., und Gaupp Anm. IIc zu § 850; aM. Pick S. 66 u. d. dort Zitierten, sowie Sinzh. S. 74). Wo sie aber trotzdem erfolgt, ist die Freigabe der gepfändeten Beträge von dem schwierigen Beweise ihrer Identität mit dem auf Grund des Gehaltsanspruches gezahlten Gelde abhängig; von diesem Nachweise wird nur in den Fällen des § 811 Nr. 8 ZPO. bezügl. des den Offizieren usw. Gezahlten eine Ausnahme gemacht. Die Motive zum BGB. IV S. 215, auf welche sich Pick zu Unrecht beruft, stellen dies außer Zweifel.

Zu entrichten ist die Vergütung stets am vereinbarten, gesetzlichen (§ 614 BGB.), üblichen Zahltage. Im Konkurse des Arbeitgebers findet Bezahlung der nach Eröffnung des Verfahrens geleisteten Dienste als Masseschuld am Zahltage, unabhängig vom Gange der Verteilung der Masse, statt (§§ 59, 57 KO.); Lohnforderungen aus der Zeit vor Konkurseröffnung können, müssen dagegen nicht (wenngleich bevorrechtigt § 61[1] KO.)

unabhängig von den allgemeinen Verteilungen, stets aber erst nach Feststellung im Prüfungstermine, berichtigt werden (§§ 170, 149 a. a. O.); sie sind daher im Gegensatze zu den zuerst genannten Lohnforderungen auch erst nach dem genannten Zeitpunkte pfändbar (teilweise anders D. J.-Ztg. 02 S. 300).

Zu 5. Nach dem aufgestellten Prinzip mußte aber auch dann der dem Zahlungstage nachfolgende Tag als Anfangspunkt der Pfändung zulässig sein, wenn der Lohn zu entrichten war — aber nicht zur Auszahlung gelangte. Hierdurch konnte indessen leicht die gute Absicht des Gesetzes umgangen, der Arbeiter um den Lohn gebracht und seinen Gläubigern die Beschlagnahme ermöglicht werden, sei es, daß der Arbeitgeber kein Geld am Zahltage hatte oder durch Krankheit, Geschäftsabwesenheit usw. an dem Einhalten des Zahltages verhindert war, sei es, daß er im Interesse des Arbeiters oder in Kollusion mit einem Gläubiger die Lohnzahlung verzögerte. Dieser Erwägung verdankte der auf Antrag des Abgeordneten Reichensperger beschlossene Zusatz **„ohne daß der Vergütungsberechtigte dieselbe eingefordert hat“** seine Entstehung. Hierdurch wird es ermöglicht, den Arbeiter von dem Arbeitgeber unabhängig zu machen: durch Einfordern, d. h. Aufforderung zur Zahlung, sichert er seiner Lohnforderung den Schutz des Gesetzes, andernfalls gibt er sie dem Zugriffe der Gläubiger frei. Dieser Grundsatz führt zu folgenden Konsequenzen: Hat der Arbeiter am Zahltage den Lohn eingefordert, aber nicht erhalten, so besteht das Verbot der Pfändung zeitlich und inhaltlich unbeschränkt über den Zahltag hinaus fort — auch wegen der aus früheren Lohnperioden fälligen, aber nicht gezahlten, also rückständigen Beträge (s. S. 40); hat er ihn eingefordert und erhalten, so ist am nächsten Tage nach dem Zahltage die Möglichkeit der Pfändung gegeben; das letztere gilt auch dann, wenn er den Lohn überhaupt nicht eingefordert hat.

Indessen erleiden diese Regeln dadurch einige Einschränkungen, daß **die Lohnforderung nur als Arbeitserfolg geschützt** ist und durch Erhebung zum Kapitale den Schutz gegen Beschlagnahme einbüßt (s. S. 26, 49):

a) Trotz Einforderung wird die nicht gezahlte Lohnforderung pfändbar durch eine zwischen Arbeiter und Arbeitgeber nachträglich — auch vergleichsweise — getroffene Vereinbarung, daß sie weiterhin als Darlehn geschuldet (§ 607 BGB.) oder schlechthin, ohne Festsetzung von Fälligkeitsterminen, ganz oder teilweise dem Arbeitgeber belassen sein sollte (Seuffert 42 Nr. 173). Dagegen streift der Arbeiter der Forderung noch nicht den vom Gesetze zugestandenen Schutz durch Bewilligung von Nachlaß, Stundung oder Ratenzahlung mit fest verabredeten Rückzahlungsterminen ab, da er möglicherweise in der Nachsicht den einzigen, ihn schnell in Besitz der Vergütung setzenden Weg erblickt (ebenso Oertel, Sächs. Arch. 8 S. 607, aM. Gaupp u. Stein S. 619 Anm. 35), noch viel weniger durch eine vor Gericht oder außergerichtlich erzielte Anerkennung seiner Forderung (Seuffert a. a. O.).

b) Trotz Nichteinforderung bleibt die Lohnforderung unpfändbar, so lange sie ihres wirtschaftlichen Charakters als Arbeitserfolg nicht entkleidet wird, also ihre Realisierung infolge äußerer Umstände unmöglich oder zwecklos ist, z. B. bei Krankheit oder Abwesenheit des Arbeiters, vorheriger Pfändung (LG. Prenzlau v. 16. VIII. 00), vorheriger Zahlungsweigerung oder erklärter Zahlungsunfähigkeit oder im Konkurse des Arbeitgebers. — In diesen Fällen folgt aus der Nichteinforderung nicht die Absicht der Kapitalisierung der Vergütung (aM. OLG. 02 Nr. 51 b). Im allgemeinen unterstellt allerdings das Gesetz im Falle der Nichteinforderung am Fälligkeitstage den Willen des Arbeiters, den Anspruch zu kreditieren (LG. I Berlin T. 1359/02).

Die Einforderung des Lohnes erfolgt formlos, rechtswirksam nur an den Arbeitgeber in seinem Geschäftslokale oder seiner Arbeitsstätte (§ 269 BGB.) und ist ebenso, wie der Grund der Nichteinforderung im Rechtsstreite stets vom Arbeiter zu erweisen, der die Befreiung des Lohnes von der Beschlagnahme erstreiten will. (Jur. Wochsch. 1888 S. 196; OLG. 5, S. 455 u. Strieth. Arch. 87 S. 280 fg.) Daß sie nicht stattgefunden hat, ist so lange anzunehmen, als schuldnerischerseits nicht das Gegenteil glaubhaft gemacht ist (Sten.Ber. II S. 981, LG. I Berl. T. 59/04).

B.

Belanglos ist für die Anwendbarkeit des Gesetzes:

1. der Rechtsgrund des Anspruches, um dessen Sicherung oder Befriedigung es sich handelt; er kann auf Vertrag oder unerlaubter Handlung beruhen (Ausnahme: § 4 Nr. 2 und 3 § 4a).

2. der Schuldtitel, auf Grund dessen zur Sicherstellung oder Befriedigung die Pfändung vorgenommen werden soll; er kann im Wege des gerichtlichen, wie des administrativen Verfahrens erlassen, auch eine nach § 794 Nr. 5 ZPO. vom Notar aufgenommene vollstreckbare Urkunde sein.

3. die Existenz anderer Vermögensbestandteile des Arbeiters, welche dem Zugriff des Gläubigers unterliegen; das Verbot der Beschlagnahme des Dienstlohnes gilt absolut, d. h. in jedem Falle (Staudinger S. 158).

4. die Höhe der Vergütung an sich (Ausn.: § 4 Nr. 4).

5. die Art der Vergütung (S. 52).

C.

Das Gesetz findet keine Anwendung:

1. auf Lohnforderungen der

a) in keinem Arbeits- oder Dienstverhältnisse Stehenden (s. unten);

b) in einem solchen Verhältnisse Stehenden, wenn die Forderungen

α) aus Nebenbeschäftigung herrühren (S. 31);

β) 1500 M. für das Jahr nicht erreichen und nach dem in § 1 festgesetzten Zeitpunkte nicht eingefordert sind (seien sie rückständige [s. S. 40] oder laufende);

γ) insgesamt 1500 M. für das Jahr übersteigen wegen und in Höhe des überschießenden Betrages (S. 77 zu § 4 Nr. 4);

δ) behufs Beitreibung von Steuern und Unterhaltsbeiträgen beschlagnahmt werden (Beschränkungen S. 67, 69, 83 zu § 4 Nr. 2 u. 3, § 4a).

2. auf ausbezahlte Löhne und Gehälter (S. 33; vgl. § 811 Nr. 2, 3 ZPO.).

3. auf Pensionen der Privatangestellten und Schadensersatzforderungen (S. 50 zu § 3).

In allen diesen Fällen findet die Beschlagnahme unabhängig von § 1 statt; bezüglich der zu 1 genannten Forderungen soll dies im folgenden erläutert werden.

Exkurs zu § 1.

Die Beschlagnahme der Lohnforderungen, auf welche das Gesetz keine Anwendung findet (s. oben), **mögen die Berechtigten in einem Dienstverhältnisse stehen oder nicht,** erfolgt ohne Rücksicht auf Höhe, Fälligkeit und Einforderung der Vergütung oder auf Leistung der Arbeit, also auch dann, wenn es sich um noch nicht verdiente, also noch nicht bestehende, sondern erst zur Entstehung gelangende zukünftige Ansprüche handelt, z. B. um den Anspruch eines Rechtsanwalts gegen seinen Auftraggeber aus einem erst begonnenen Prozesse, das Honorar eines Hausarztes oder die Tantieme eines Direktors einer Aktiengesellschaft noch vor Abschluß des Kalender- bezw. Geschäftsjahres, die Forderung eines selbständigen Handwerkers für übertragene, aber noch nicht ausgeführte Arbeiten, die Vergütung eines Schauspielers für ein vereinbartes, wenngleich noch nicht absolviertes Gastspiel (aber Saisongastspiel S. 29) — Voraussetzung der Pfändbarkeit dieser künftigen Forderungen ist nicht einmal ein bedingt oder betagt bindender Vertrag: ebenso, wie nach dem BGB. „die Abtretung künftiger Forderungen, zu denen noch nicht einmal ein rechtlicher Grund vorhanden ist, deren Entstehung vielmehr nur als möglich vorausgesetzt wird", rechtsgültig ist, so ist auch deren Beschlagnahme gestattet (§ 851 ZPO., RG. 55 S. 334, D. J.-Ztg. 04 S. 400 u. 426; anders LG. I u. II Berlin und J.W. 04 S. 365 für einen nach ALR. zu entscheidenden Fall); z. B. die Pfändung der nicht vereinbarten zukünftigen Provisionsforderung eines Maklers für Vermittlung eines Hausverkaufs. — Sollen zukünftige Forderungen eines Schuldners aber als Ausflüsse eines Gesamtrechts, als Ganzes, ohne spezielle Bezeichnung einzelner Raten gepfändet werden, so müssen sie auf Grund eines einheitlichen Rechtsverhältnisses als Gehalt oder ähnliche fortlaufende Bezüge geschuldet werden. Eine solche gehaltähnliche Forderung ist die Provisionsforderung des Agenten oder „Vertreters" eines Handelshauses, welchem die fortlaufende Tätigkeit im Interesse des Geschäftsherrn übertragen ist, trotzdem sie von bestimmter Betätigung innerhalb des übertragenen Geschäftskreises abhängt und je nach den Erfolgen in ihrem Umfange schwankt (RG. Entsch. v. 21. II. 1891 i. d. Besonderen Beilage z. Reichsanzeiger 1891 S. 201). Die Wirkungen solcher Pfändung bestimmen §§ 832, 833 ZPO.

Rückständige, d. h. vor dem letzten Zahltage fällig gewordene, aber nicht beglichene Lohnforderungen (wegen Dienstbezüge S. 65) sind schlechthin pfändbar, wenn aber ein Dienstverhältnis im Sinne des LBG. vorliegt, nur nach vergeblicher Einforderung (S. 35), ohne Rücksicht auf die Höhe der Vergütung (S. 37) angreifbar.

§ 2.

Die Bestimmungen des § 1 können nicht mit rechtlicher Wirkung durch Vertrag ausgeschlossen oder beschränkt werden.

Soweit nach diesen Bestimmungen die Beschlagnahme unzulässig ist, ist auch jede Verfügung durch Cession, Anweisung, Verpfändung oder durch ein anderes Rechtsgeschäft ohne rechtliche Wirkung.

I. Allgemeines.

Der Paragraph will Rechtsgeschäften des Arbeiters bezüglich der Lohnforderung vor dem in § 1 festgesetzten Zeitpunkte unmöglich machen, mögen sie der direkten oder indirekten Umgehung des gesetzlichen Verbots des § 1 dienen, oder mögen sie vorgenommen werden, um wirklich bestehende Forderungen zu decken (Mandry S. 216), er enthält zwingendes Recht. Wenn Absatz 1 jedes Paktieren über die Zulässigkeit einer gänzlichen oder teilweisen, dem Paragraphen zuwiderlaufenden Lohnbeschlagnahme, also alle Verträge verbietet, welche das Verbot des § 1 direkt umstoßen oder einschränken, so wendet sich Absatz 2 gegen alle Verfügungen des Arbeiters, welche ihm indirekt die Lohnforderung entziehen oder verkümmern. — Der Paragraph regelt daher wichtige Teile des Arbeitsvertrages!

II. Die Verfügungen über die Lohnforderung.

Unter Verfügungen werden Rechtsgeschäfte verstanden, welche unmittelbar, ganz oder teilweise, ein Recht übertragen, belasten, ändern oder aufheben (Planck Bd. I, S. 183), nicht aber die dem Rechtsakte selbst vorausgehenden Rechtsgeschäfte, welche nur die Verpflichtung zu einer Verfügung begründen (aM. Mandry S. 216). Verfügen kann der Arbeiter über, der Arbeitgeber gegen die Lohnforderung; im Abs. 2 ist aber nur an die ersteren Rechtsgeschäfte gedacht, wie die angeführten Beispiele ergeben. Aber auch nicht jede solche Verfügung des Arbeitenden ist wirkungslos, vielmehr nur diejenige, welche eine Enteignung zukünftiger Löhne enthält, also den Lohn verkümmert oder entzieht. Dies ergibt die Begründung des von der Gesetzeskommission eingefügten Abs. 2 (Sten.Ber. III, S. 587). Belanglos ist, ob dem Arbeitgeber oder einem Dritten gegenüber die Verfügung vorgenommen wird (Sinzheimer S. 16), und wie die Vergütung zu verabfolgen ist (§ 115 Abs. 2 Gew.Ord.).

a) Unzulässig sind demnach in demselben Umfange wie die Beschlagnahme nach § 1 (vgl. S. 32 fg.), die namentlich aufgeführten Rechtsgeschäfte, die Zession, Anweisung, Verpfändung [eine solche enthält auch die sog. Kautionsbestellung mit der Lohnforderung (vgl. m. Auff. i. Bl. f. Rpf. 02 S. 20), auch Lohneinbehaltungsabrede zur Sicherung des Arbeitgebers genannt (Sinzheimer S. 97 fg.)]. Unter den „anderen Rechtsgeschäften" sind Erlasse (auch die Abrede der Lohnverwirkung im Falle vertragswidrigen Handelns des Arbeiters fällt hierunter [Sinzheimer S. 108 fg.]; sie ist nur gültig nach §§ 134 Abs. 2, 134 b Nr. 5 Gew.O. für den Fall des Kontraktbruchs [(aM. Sinzheimer S. 114]), Schenkungen, Vergleiche gemeint, letztere, wenn sie eine Lohnenteignung in dem eben erläuterten Sinne enthalten, nicht, wenn sie nur

Stundung oder Ratenzahlung gewähren. Hierher gehören auch die Vereinbarungen auf Ausschluß der in Gesetzen für den Arbeitenden aufgestellten Schutzvorschriften, soweit ihre Unwirksamkeit nicht schon in den Gesetzen selbst ausgesprochen ist, z. B. des § 63 HGB. Abs. 1; Bl. f. Rpfl. 04 S. 36; aM. Staub Anm. 7 zu § 63 (§ 620 BGB. verbietet nicht die Vereinbarung ungleichartiger Kündigungsfristen (J.W. 04 S. 233]); auf die Vergünstigung des § 616 BGB. kann im voraus verzichtet werden (Planck Anm. 4 zu § 616).

b) Zulässig sind dagegen alle Rechtsgeschäfte des Arbeiters über die Lohnforderung:

1. wenn er sich nicht der Forderung enteignet, z. B. einen Dritten mit deren Erhebung beauftragt oder die Zahlung eines Lohnvorschusses mit dem Arbeitgeber vereinbart, d. h. Vorausbezahlung eines Teils seiner Vergütung schon vor Fälligkeit im Hinblick auf noch zu leistende Arbeit und Kürzung des vorgeschossenen Betrages bei Fälligkeit infolge tatsächlicher Einbeziehung (Anrechnung, nicht Aufrechnung) der bereits erfolgten Zahlung in die Gesamtschuld. Eine solche Vereinbarung ist selbst bei einer 1500 M. jährlich nicht erreichenden Vergütung rechtswirksam (vgl. Sinzheimer S. 43, D. J.-Ztg. 02 S. 47. Bescheid des Justizmin. v. 24. IV. 82 [Müller I S. 674], anders J.W. 04 S. 402). Wegen Anrechnung des Vorschusses bei Pfändung des Gehaltes S. 81 fg. Bei einem aber erst in Aussicht genommenen Vertrage, wo die Vorschußleistung als Darlehn gewollt war (Str.Arch. 25 S. 37), stellt sie sich als Aufrechnungsvertrag und damit als unzulässige Verfügung des Arbeiters über die künftige Lohnforderung dar (s. S. 43 fg.)

2. wenn das Gesetz nicht Anwendung findet (S. 38, Nr. 1 u. 3);

3. bezüglich des Wertes von Material oder Ersatzes anderer Auslagen, welche mit der Vergütung in ungetrennter Summe bedungen sind (§ 3 Abs. c d. Ges., S. 50 fg.).

c) Unberührt durch § 2 sind die Verfügungen des Arbeitgebers gegen die Lohnforderung, Aufrechnung und Zurückbehaltung (s. Exkurs zu § 2).

III. Die Wirkungen des Verbots.

Die den verbotenen Rechtsgeschäften angedrohte rechtliche Unwirksamkeit ist als Nichtigkeit aufzufassen, da eine im öffentlichen Interesse zum Schutze der arbeitenden Klasse erlassene Vorschrift vorliegt (§ 134 BGB.).

Sie äußert sich nach drei Seiten:

a) Der Arbeiter selbst kann das Geschäft als nichtig aufrufen;

b) Der Dritte erwirbt kein Recht aus solchen Rechtsgeschäften;

c) Der zahlungspflichtige Arbeitgeber wird durch die Leistung an einen Dritten gegenüber dem Arbeiter bezw. Pfandgläubiger nicht entlastet, setzt sich also der Gefahr doppelter Zahlungspflicht aus (Staudinger S. 162).

Nur durch Anerkenntnis nach dem in § 1 angegebenen Zeitpunkte ist die Nichtigkeit heilbar.

Die nichtige Nebenabrede hebt den Dienstvertrag, in welchem sie enthalten ist, trotz § 139 BGB. regelmäßig nicht auf, vgl. Staub, Exkurs zu § 62 HGB.

Exkurs zu § 2.

Aufrechnung oder Zurückbehaltung gegenüber unpfändbaren Lohnansprüchen.

A. **Aufrechnen** kann an sich der Arbeiter mit seiner Lohnforderung, der Arbeitgeber gegen dieselbe.

I. Die Aufrechnung des Arbeiters ist als Verfügung über den Lohn nach § 2 des Gesetzes in gleichem Umfange wie die Pfändung nach § 1 unzulässig (Sinzh. S. 19fg.), mag sie vereinbart gewesen sein oder nicht.

II. Die Aufrechnung des Arbeitgebers gegen die Lohnforderung des Arbeiters wird durch § 2 nicht berührt, wie die Materialien zu unserem Gesetze außer Zweifel stellen (Sten.Ber. III, S. 588).

1. Insoweit sie mit dem Willen des Arbeiters, also auf Grund eines Aufrechnungsvertrages erfolgt, enthält sie wiederum eine Verfügung des Arbeiters über den Lohn und das zu I Gesagte findet Anwendung. Ohne rechtliche Wirkung ist daher auf allen Rechtsgebieten eine vor dem in § 1 festgesetzten Zeitpunkte und in dessen Umfange getroffene Abrede, welche den Lohnabzug wegen Vertrags- und Ordnungsstrafen dem Arbeitgeber gestattet, selbst wenn diese Strafen in Dienstverträgen, Arbeits- und Hausordnungen von Fabriken, Handlungshäusern, Theaterunternehmungen usw. rechtsgültig angeordnet sind, ebenso eine Vereinbarung, welche dem Arbeitgeber ein Recht auf Kürzung des Lohnes wegen Lehrgeldes, fehlerhafter Arbeit, Beschädigung des Betriebsmaterials oder anderer Verstöße einräumt. Nach § 117 Abs. 2 Gew.Ord., welcher „jede Verwendung des Arbeitsverdienstes zu anderem Zwecke als zu Wohlfahrtseinrichtungen der Arbeiter" schlechthin verbietet, sind solche Aufrechnungen noch über die zeitlichen und sachlichen Schranken des L.B.Ges. hinaus für nichtig erklärt (Sinzheimer S. 27). — Gesetzliche Bestimmungen, welche eine Vereinbarung über Aufrechnung gegen Lohnforderungen gestatten, sind nur soweit gültig, als sie ausdrückliche, nach dem Tage des Inkrafttretens des L.B.Ges. entstandene Spezialvorschriften hierüber enthalten; an diesem Rechtszustande hat § 394 BGB. um deswillen nichts geändert, weil er nur die vom Gläubiger, also hier dem Arbeiter, nicht gewollte, aufgezwungene Aufrechnung verbietet. Zulässig ist nach § 115 Abs. 2 Gew.Ord. die Aufrechnungsabrede wegen der Forderungen der Arbeitgeber für Lebensmittel, Wohnung, Landnutzung, Feuerung, Beleuchtung, Beköstigung usw. in dem daselbst angegebenen Umfange. Denn diese Bestimmung ist mit Bedacht gegenüber § 2 Abs. 2 unseres Gesetzes in der Novelle

vom 1. VI. 1891 und der Neuredaktion vom 26. VII. 00 aufrecht erhalten worden. Dies ergibt durch seine ausdrückliche Bezugnahme auf § 2, der zunächst als Ergänzung und Zusatz zu § 115 gedachte, dann aber als besonderer Paragraph gestaltete § 115a Gew.Ord. Um Aufrechnung handelt es sich bei den genannten Forderungen aber nur dann, wenn die Gegenstände auf Kredit geliefert werden, bevor der Lohn verdient ist, nicht auch dann, wenn die Hingabe an Zahlungsstatt bei Lohnzahlung oder als Lohnvorschuß erfolgt und ein Preisansatz nur behufs Berechnung des verbleibenden Barlohnes stattfindet, ohne daß eine Forderung entsteht (Schicker zu § 115 Note 16).

Zulässig sind nach § 117 Abs. 2 Gew.Ord. die Abreden betreffs Aufrechnung des Lohnes mit Forderungen der Arbeitgeber für „Einrichtungen zur Verbesserung der Lage der Arbeiter oder ihrer Familien".

2. Die Aufrechnung des Arbeitgebers gegen die Lohnforderung ohne oder gegen den Willen des Arbeiters, also kraft Gesetzes ist nach § 394 a. a. O. gewissermaßen als „Selbstexekution in eine der Exekution selbst entzogene Forderung" in demselben Umfange, wie die Pfändung in § 1 auf allen Rechtsgebieten verboten. Der Arbeitgeber kann also insoweit — darüber hinaus ist es ihm gestattet, OLG. 5 S. 455 — keine Gegenforderung wegen gegebenen Darlehns, fehlerhafter Arbeit, Strafe (s. S. 44) oder sonstiger Verfehlung des Arbeiters geltend machen. Bezüglich des letzten Punktes wird im einzelnen folgendes bemerkt:

a) Tritt der Lohnforderung ein Anspruch des Arbeitgebers aus unerlaubter Handlung (fahrlässiger oder vorsätzlicher Beschädigung von Maschinen, Arbeitsgeräten, -stoffen, -räumlichkeiten) gegenüber, so ist der Arbeitgeber im Umfange des § 394, der Arbeiter, selbst nach dem in § 1 des Gesetzes festgesetzten Zeitpunkte, gemäß § 393 BGB. aufzurechnen nicht befugt. Die gesetzlichen Vorschriften gewähren keinen Anhalt für die Annahme, daß gegen eine Lohnforderung die an sich unzulässige Aufrechnung dann zulässig wird, wenn auch gegen die aufzurechnende Forderung die Aufrechnung gesetzlich ausgeschlossen ist. Mit dem Grundsatze von Treu und Glauben (§ 242 BGB.) läßt sich hiergegen nicht ankämpfen (Sinzheimer S. 54 fg.).

b) Bei Vertragsbruch des Arbeiters ist die Frage nach der Aufrechnung der auf §§ 280 und 286 BGB. gestützten Ersatzforderung des Arbeitgebers gegen die Lohnforderung des Arbeiters wegen bewirkter Teilleistung je nach dem Interesse des Arbeitgebers an dieser verschieden zu beantworten. Hat die teilweise Erfüllung Interesse für ihn, so ist der Anspruch des Arbeiters für seine Arbeit Lohnanspruch und als solcher unpfändbar, daher der Aufrechnung entzogen (§ 394); verlangt der Arbeitgeber Schadensersatz wegen Nichterfüllung der ganzen Verbindlichkeit, weil die teilweise Erfüllung kein Interesse für ihn hat, so hat er dem Arbeiter die empfangene Leistung zurückzugewähren, d. h. ihren Wert zu vergüten. Hierdurch tritt an Stelle des Arbeitsverhältnisses, welches hinfällig wird, ein neues nach § 346 BGB. zu beurteilendes Schuldverhältnis. Dieser Anspruch des Arbeiters ist kein solcher auf Vergütung im Sinne des LB.Gesetzes, sondern auf Rückgabe, also pfändbar und aufrechenbar (Sinzheimer S. 57 fg.). Von gesetzlichen, diese Art der Aufrechnung gestattenden Sondervorschriften sind trotz § 394 diejenigen in Kraft geblieben, deren Aufhebung sich weder aus dem BGB. noch seinem Einf.-Gesetze ergibt (Art. 32 Einf.Ges.). — Den Fortbestand des § 115 Abs. 2 Satz 1 Gew.Ord. behauptet Sinzh. S. 46 im vorliegenden Falle m. E. zu Unrecht. Da von einer Aufrechnung des Arbeitgebers mit Forderungen für Lebensmittel usw. (s. S. 44) nur die Rede sein kann, wenn diese Forderungen vor Fälligkeit der Lohnforderung entstanden sind, vor diesem Zeitpunkte aber nach § 1 des Gesetzes die Pfändung des Lohnes unzulässig ist, so bleibt nach § 394 auch für die Aufrechnung kein Raum, soweit das LBGes. Anwendung findet und nicht seine Ausnahmen Platz greifen.

Als Ausnahmen vom Verbote der Aufrechnung gegen Lohnforderungen sind anzuerkennen:

aa) Der § 617 BGB., welcher zugunsten des Dienstberechtigten bestimmt, daß bei einem dauernden Dienstverhältnisse dem in die häusliche Gemeinschaft aufgenommenen Verpflichteten auf die für die Zeit seiner Erkrankung geschuldete Vergütung die Kosten seiner Verpflegung und ärztlichen Behandlung bis zur Dauer von 6 Wochen angerechnet werden können. — Diese Ausnahme findet bezüglich des Gesindes Anwendung, soweit die Landesgesetze ihm nicht weitergehende Ansprüche gewähren (Art. 95 Absatz 2 Einf.Ges. z. BGB.). Dies führt im Gebiete der preußischen Gesindeordnung zu folgenden Ergebnissen:

α) In Krankheitsfällen, welche durch den Dienst oder bei Gelegenheit desselben entstanden sind, darf die Herrschaft bis zum Ablauf der Dienstzeit, also unter Umständen auch länger, als 6 Wochen, dem Gesinde die Kosten für Verpflegung und ärztliche Behandlung nicht vom Lohne abziehen (§§ 86, 87 Ges.Ord.).

β) Ist das Gesinde jedoch nur während der Dienstzeit, z. B. auf Urlaub, bei einem Vergnügen erkrankt, so kann die Herrschaft wegen der Kosten der länger als 6 Wochen dauernden Krankheit Verwandte des Dienstboten in Anspruch nehmen, auch vom Lohne Abzüge machen (§§ 88—91 der Ges.Ord.).

bb) Der § 68 preuß. Ges.Ord. (durch Art. 14 § 1 des preuß. Ausf.Ges. z. BGB. aufrecht erhalten) erlaubt dem Dienstherrn seine Entschädigungsansprüche wegen Verletzung der dem Gesinde obliegenden Verpflichtungen gegen dessen Lohnforderung aufrechnen.

cc) § 9 des Gesetzes über die eingeschriebenen Hilfskassen vom 7. IV. 1876.

dd) § 53 Abs. 1 des Krankenvers.Ges. vom 10. IV. 1892 und

ee) § 142 Abs. 1 des Invalidenvers.Ges. vom 13. VII. 1899 gestatten dem Arbeitgeber bei der Lohnzahlung Aufrechnung mit dem auf die Arbeiter entfallenden Teile der Beiträge.

(Auch gegen die Entschädigungs- und Rentenforderungen der Arbeiter findet nach den S. 50 aufgeführten Paragraphen der Unfallversicherungsgesetze vom 5. VII. 00 in beschränktem Umfange Aufrechnung statt).

B. In allen Fällen, in denen die Aufrechnung als Mittel zur Einziehung von Forderungen des Arbeitgebers gegen den Arbeiter versagt, tritt als Behelf das **Zurückbehaltungsrecht** an dem Lohnanspruche ein, welches dem Arbeitgeber durch § 2 des Gesetzes nicht genommen ist, ihm vielmehr wegen aller seiner Forderungen aus dem Dienstverhältnisse unter den Voraussetzungen des § 273 BGB. zusteht und durch den engen, gewollten oder als gewollt vorauszusetzenden Zusammenhang beider Forderungen gerechtfertigt ist (Dernburg II S. 127, Rehbein, Das bürgerl. Gesetzbuch II, S. 90, sub IX, D. J.-Ztg. 02, S. 86fg., OLG. IV, 28; V, 456, VI, 225 u. 423, entgegengesetzt Sinzh. S. 91 und die dort Angeführten).

Die Natur des Dienstverhältnisses schließt die Geltendmachung des Zurückbehaltungsrechts nicht aus; auch ist durch seinen Zweck dieser Ausschluß nicht bedingt, wie z. B. bei Verwahrung lebender Tiere. Der wirtschaftliche Gesichtspunkt der Unterhaltsgewährung für den Arbeiter ist als Vertragszweck nicht anzuerkennen. Unrichtig ist es, den Ausschluß aus der Analogie mit der Aufrechnung zu folgern, von der das Zurückbehaltungsrecht nach Voraussetzung und Wirkung verschieden ist, oder aus dem allgemeinen, den Materialien zum BGB. fremden Gedanken, dem Anrechte auf den vollen Lohn (Sinzheimer

S. 88 fg.) oder aus sozialpolitischen Erwägungen. Alles dies hat zurückzutreten gegenüber dem Grundsatze (Prot. der II. Kommission S. 311) des BGB., daß das Zurückbehaltungsrecht dem Schuldner ohne Rücksicht auf die Beschaffenheit der geschuldeten Leistung zu gewähren sei. — Die Abrede der Lohneinbehaltung zur Sicherung des Arbeitgebers für Schäden und Strafansprüche ist nach § 2 Abs. 2 uns. Ges., soweit dasselbe Anwendung findet, nichtig (S. 41; ebenso Sinzheimer S. 97 fg.), im Gebiete der Gew.Ord. (§ 119 a) aber erlaubt, soweit es sich um Sicherung gegen Kontraktbruch handelt (aM. Sinzheimer S. 114).

§ 3.

Als Vergütung ist jeder dem Berechtigten gebührende Vermögensvortheil anzusehen. Auch macht es keinen Unterschied, ob dieselbe nach Zeit oder Stück berechnet wird.

Ist die Vergütung mit dem Preise oder Werth für Material oder mit dem Ersatz anderer Auslagen in ungetrennter Summe bedungen, so gilt als Vergütung im Sinne dieses Gesetzes der Betrag, welcher nach Abzug des Preises oder des Werthes der Materialien und nach Abzug der Auslagen übrig bleibt.

Zu Absatz 1.

I. Begriff der Vergütung.

Die Vergütung stellt die Gegenleistung des Dienstberechtigten, Arbeitgebers, Bestellers, an den zur Dienstleistung Verpflichteten (Vergütungsberechtigten des § 1), für geleistete Arbeiten und Dienste dar und setzt die sich vollziehende oder abgeschlossene Leistung der Arbeiten stets voraus (§§ 614, 641 BGB.).

Das Gesetz schützt aber nur die „Vergütung für Arbeiten und Dienste", den Entgelt der Arbeitsleistung, den **Arbeitserfolg**, nicht andere aus dem Arbeits- und Dienstverhältnisse entspringende Ansprüche, also nicht Schadensersatzforderungen, einerlei, ob sie neben die Lohnforderung (z. B. § 618 Abs. 3 BGB.) oder an deren Stelle treten, nicht die sog. Lohn- oder Gehaltsentschädigungsansprüche (Bl. f. Rpfl. 1891 S. 111; siehe unter Nr. II), nicht Pensionsansprüche von Privaten (Pensionen der Beamten, Offiziere usw. S. 65), auch nicht die Ersatzforderungen wegen körperlicher Beschädigungen (s. S. 38). Letzteres folgt aus der Überschrift des Gesetzes und seinem § 1, der die Beschlagnahme erst für zulässig erklärt, „nachdem die Leistung der Arbeiten oder Dienste erfolgt ist".

Das Gesetz schützt auch nicht die Forderungen der Arbeitenden gegen Unfall-, Kranken-, Hilfskassen und Versicherungsanstalten, welche, abgesehen von wenigen Ausnahmen, nach gesetzlicher Vorschrift nicht gepfändet, verpfändet oder übertragen werden dürfen (§ 56 des Krankenversicherungsgesetzes in der Fassung vom 10. April 1892; § 19 des Hilfskassengesetzes in der Fassung vom 1. Juni 1884; §§ 55, 142 Invalidenversicherungsges. v. 13. Juli 1899; § 96 Gewerbe-, § 102 landwirtschaftliche, § 37 Bau-, § 100 See-Unfallversicherungsgesetz v. 5. Juli 1900). Es erübrigt sich daher eine Bestimmung ihres Charakters.

II. Vergütung im Gegensatze zur Entschädigung.

Wegen der Schwierigkeit der Feststellung, wann Vergütung und wann Lohnentschädigung geschuldet wird — die Ausdrucksweise der Gesetze ist in dieser Beziehung nicht immer zuverlässig —, soll im folgenden beides gegenübergestellt werden.

A. Einen Anspruch auf **Vergütung** hat der Arbeiter (allgemein gesagt)

a) auf Grund eines Dienstvertrages im Falle

1. der Arbeitgeber mit Annahme der Dienste — selbst unverschuldet — in Verzug kommt (z. B. durch Unterlassen erforderlicher Anweisung, oder Nichtbeschaffung von Werkzeugen und Material), § 615 BGB.,

2. unverschuldeter Behinderung für eine verhältnismäßig nicht erhebliche Zeit ohne Verschulden in seiner Person oder durch ein außerhalb seiner Person eintretendes Ereignis, eigene oder eines Familiengliedes Krankheit, Einziehung als Geschworener oder zu militärischer Übung, Ladung als Zeuge, Verkehrsabsperrungen, besondere häusliche Verhältnisse, Entbindung der Arbeiterin (§§ 616 BGB., 63 u. 72 HGB., 123 Abs. 3 u. 133c Gew.Ord., 86—88 Pr.GOrd.),

3. ungerechtfertigter vorzeitiger Entlassung (§§ 628, BGB., 70 Abs. 1 HGB., 124a Gew.Ord.; OLG. VI S. 320),

4. unmöglicher, vom Dienstherrn zu vertretender Dienstleistung (absichtliches Niederbrennen der Fabrik; § 324 Abs. 1 BGB.);

b) auf Grund eines Werkvertrages als Unternehmer im Falle

1. dauernder, nicht zu vertretender Unfähigkeit zur Herstellung des Werkes nach Anfertigung eines Teiles (§ 323 BGB.),

2. der Aufkündigung durch den Besteller (§ 649 eod. l.),

3. der Unmöglichkeit der Ausführung des Werkes infolge eines vom Besteller zu vertretenden Umstandes (§ 324 eod. l.),

4. des Unterganges, der Verschlechterung, Unausführbarkeit des Werkes vor seiner Abnahme infolge mangelhaften vom Besteller gelieferten Stoffes oder von ihm erteilter Anweisung (§ 645 eod. l.),

5. des Unterganges oder der Verschlechterung des Werkes nach Abnahme (§ 644 eod. l.).

B. Einen **Entschädigungsanspruch** hat der Arbeiter

a) auf Grund eines Dienstvertrages im Falle

1. der Kündigung infolge vertragswidrigen Verhaltens des Arbeitgebers (§§ 628 Abs. 2 BGB., 70 HGB., 124b Gew.Ord.),

2. seiner Erkrankung infolge der Außerachtlassung der gesetzlich gebotenen Fürsorge (§ 618 Abs. 3 BGB.),

3. ungerechtfertigter Entlassung des Dienstboten (§ 161 Pr. Ges.Ord.),

4. Aufkündigung des Konkursverwalters im Konkurse des Arbeitgebers vor Ablauf des Dienstverhältnisses (§ 22 Abs. 2 Konk.Ord.);

b) auf Grund eines Werkvertrages im Falle

1. der unterlassenen, für die Herstellung des Werkes erforderlichen Handlung des Bestellers (§ 642 BGB.),

2. der durch Annahmeverzug des Bestellers erforderlichen Mehraufwendungen des Unternehmers für erfolgloses Angebot, Aufbewahrung und Erhaltung des Werkes (§ 304 BGB.).

III. Arten der Vergütung.

„Als Vergütung ist jeder dem Dienstverpflichteten gebührende Vermögensvorteil anzusehen," d. h. alles, was ihm als wirtschaftlicher Vorteil für seine im Dienstverhältnisse geleistete Arbeit zusteht, ohne Rücksicht auf die dafür gewählte Bezeichnung.

Die Vergütung in Geld wird je nach der Art der Dienste „Lohn, Gehalt, Honorar usw." genannt. Ihr Betrag kann nach Zeit (Tag, Woche, Monat, Jahr) oder nach dem Stücke (Stücklohn) oder der Anzahl der Leistungen (Provision) bestimmt sein; er kann fest in sich von vorn herein bemessen werden (Diäten), aber auch zunächst unbestimmt sein und erst durch eine sich ereignende oder ergebende Tatsache festgestellt werden (die Tantieme; s. unten).

Die Gage der Schauspieler, ihr fester Entgelt für das Bereithalten ihrer Tätigkeit im Dienstverhältnisse, bildet neben dem Spielhonorare, der besonderen Bezahlung für tatsächliche Inanspruchnahme der Dienste, ihre Vergütung. Als Zuschüsse zur Gage sind vertraglich festgesetzte Einnahmen aus Benefizvorstellungen sowie nicht verbrauchte Garderobengelder anzusehen. Über Gastspiele s. S. 29, 39.

Den Charakter vertragsmäßiger Vergütung haben vereinbarte Repräsentationsgelder (RG. 16 S. 318; aber s. S. 62), Wohnungszuschüsse, Fahrgelder, Kost-, Bier-, Spund-, Stamm-, Schußgelder, Gratifikationen z. B. zu Weihnachten, letztere auch, wenn sie nur ortsgebräuchlich sind, soweit nicht Schenkungsabsicht besteht (Staub § 59 Anm. 24). Reisediäten und -spesen sind als pauschale Vergütung im Hinblick auf aufzuwendende Kosten aufzufassen, bilden daher von vornherein einen Teil des Einkommens, soweit sie über den üblichen, der Pfändung nicht entzogenen Reise- und Dienstaufwand hinaus bemessen werden (OLG. VI, S. 418). Auch die Ersparnis, welche der Handlungsreisende dadurch macht, daß er die auswärtige Verköstigung aus den ihm für Reisen gewährten Diäten bezahlt, ist ein indirekter Vermögensvorteil und somit Vergütung im Sinne des Gesetzes; allerdings müssen hiervon seine Mehrausgaben für Kleidung, Wäsche und Schuhwerk auswärts, nach ihrem durchschnittlichen, vom Schuldner zu erweisenden Betrage abgezogen werden (OLG. VI S. 141, Seuffert 30 S. 450). — Da jeder dem Dienstverpflichteten gebührende Vermögensvorteil als Vergütung anzusehen ist, so ist es auch die Tantieme, ein Teil des Unternehmergewinnes, mag sie auf des Angestellten Mitarbeit oder hiervon unabhängigen Umständen (günstiger Konjunktur, Ernte usw.) beruhen (vgl. m.

Auff. in D. J.-Z. 02 S. 451; entgegengesetzt Pick S. 38). Die Maximal- oder Minimaltantieme ist als feststehender Bezug neben dem eigentlichen Gehalte stets Vergütung (aM. D. J.-Z. 01 S. 491).

Trinkgelder, welche Bedienstete vom Dienstherrn als vereinbartes Entgelt dafür erhalten, daß sie solche von Gästen nicht annehmen dürfen, bilden einen Teil der Vergütung im Gegensatze zu den von Reisenden oder Gästen an Gepäckträger oder Diener gegebenen.

„Gebührender Vermögensvorteil" ist auch der ziffernmäßig nicht vereinbarte, aber taxmäßig festzustellende und übliche Entgelt (§ 612 BGB.).

Auch naturale Leistungen können als Vergütung an Stelle des Gehalts oder Lohnes gewährt werden, gleichviel ob sie von vertretbarer Beschaffenheit sind oder nicht (Staudinger S. 115), z. B. Beköstigung, Kleidung, Feuerung, Beleuchtung, Wohnung, Landnutzung, ärztliche Hilfe und Arzneien. Diese Art der Vergütung (Trucksystem) ist im Handelsverkehr nicht verboten (Staub Anm. 23 z. § 59), auch nicht für die nach dem BGB. zu beurteilenden Dienstverhältnisse (Planck Anm. 3 z. § 612), für das Gebiet der Gew.Ord. aber nur beschränkt zulässig (§§ 115 fg. Gew.Ord.). — Soweit die Vergütung nicht in Geld besteht, wird sie nach Ortsdurchschnittspreisen, wie sie von der Polizeibehörde festgesetzt sind, in Ansatz gebracht und ihr Schätzungswert zu dem baren Lohne zugerechnet.

Zwecks Feststellung des Gesamtbetrages der Vergütung, welcher für die Pfändung große Bedeutung hat (vgl. § 4 Nr. 4 des Gesetzes), werden alle Teile und Arten der Vergütung zusammengezählt.

IV. Die Pfändbarkeit der Vergütung

bestimmt sich nach deren Übertragbarkeit (§ 400 BGB.). Geldleistungen sind daher an sich stets, fixierte Leistungen von Naturalien aber soweit pfändbar, als diese selbst nicht nach § 811 ZPO. unentbehrlich sind (Gaupp u. Stein § 851 III). — Wo aber Leistungen so an die Person des Vergütungsberechtigten gebunden sind, daß eine Übertragung auf eine andere Person eine Veränderung ihres Inhalts bedeutet (§ 399 BGB.), sind die Forderungen unpfändbar, so der Anspruch auf Beköstigung im Haushalte oder persönliches Wohnrecht. Ist von mehreren alternativ zu bewirkenden Leistungen eine unpfändbar, so wird auch Unpfändbarkeit der anderen angenommen (Seuffert 41 Nr. 318, Gaupp u. Stein § 851 III, Ztschr. d. Ak. Breslau 01 S. 33); da die einmal getroffene Wahl eine endgültige (§ 263 BGB.), so muß der Pfändungsgläubiger sie auch gegen sich gelten lassen.

Zu Absatz 2.

Die dem ersten Entwurfe des Gesetzes wortgetreu entnommene Bestimmung bezweckt die Ermittelung der Höhe des reinen Lohnes. Der praktische Wert der Bestimmung ist in dem jetzigen Gesetze viel geringer, als in dem Entwurfe, wo die Pfändung des Lohnes über die Grenze des notwendigen Unterhalts hinaus stets erlaubt war; trotzdem ist sie noch heute von Bedeutung für die Ausmittelung des eigentlichen Entgelts der Arbeit in den Fällen der §§ 4 Nr. 3 u. 4, sowie 4a.

Für die in Rede stehende Art der Ablohnung bilden Beispiele ein Arbeiter, der einem Arbeitgeber gegenüber sich zur Anfertigung von Kostümen unter Hergabe der Stoffe und Zutaten zu festem Preise verpflichtet, ferner ein Geschäftsreisender, welcher neben seinem Gehaltsfixum auf tägliche Reisespesen gestellt, damit meistens nicht nur einen Entgelt für Kosten der Beförderung und des Unterhalts auf der Reise, sondern darüber hinaus noch einen wirtschaftlichen Vorteil, eine Vergütung für seine Tätigkeit erhält (OLG. VI S. 139; s. auch S. 53). — Bei dem Arbeiter, welcher in dauerndem Arbeitsverhältnisse das Verladen von Gütern in Akkord besorgt und sich zu diesem Zwecke Gehilfen annimmt, ist der auf die Deckung der Löhne dieser Gehilfen entfallende Teil seiner Entgeltung Ersatz von Auslagen, nicht eigene Vergütung (Busch 12, S. 161).

Alles dasjenige, was nicht als Vergütung selbst zu betrachten ist, wird nach Abs. 2 des § 3 von dem Verbote der Pfändung nicht berührt. Die selbst in ungetrennter Summe mit der Vergütung verbundenen Ansprüche des Arbeiters gegen den Arbeitgeber auf Ersatz von Material und anderen Auslagen — dahin ist nicht Dienstaufwand und Repräsentationsgeld (S. 53) zu rechnen (Ggs. § 850 Abs. 5 ZPO.) — sind schlechthin pfändbar; ob sie im einzelnen Falle von der Pfändung gemäß § 811 Nr. 2 u. 5 ZPO. ausgeschlossen werden müssen, ändert an der Entscheidung grundsätzlich nichts. — Sie bilden auch für den Arbeiter ein verfügbares Vermögensobjekt.

§ 4.

Das gegenwärtige Gesetz findet keine Anwendung:

1. auf den Gehalt und die Dienstbezüge der öffentlichen Beamten,
2. auf die Beitreibung der direkten persönlichen Staatssteuern und Kommunalabgaben, (die derartigen Abgaben an Kreis-, Kirchen-, Schul- und sonstige Kommunalverbände mit eingeschlossen), sofern diese Steuern und Abgaben nicht seit länger als drei Monaten fällig geworden sind,
3. auf die Beitreibung der den Verwandten, dem Ehegatten und dem früheren Ehegatten für

die Zeit nach Erhebung der Klage und für das diesem Zeitpunkte vorausgehende letzte Vierteljahr kraft Gesetzes zu entrichtenden Unterhaltsbeiträge,

4. insoweit der Gesammtbetrag der Vergütung (§§ 1, 3) die Summe von fünfzehnhundert Mark für das Jahr übersteigt.

A. Allgemeines.

1. Das Gesetz, ein Bestandteil des § 850 ZPO., verbietet die Pfändung des noch unverdienten bezw. nicht fälligen Dienstlohnes nur unter ganz bestimmten, in § 1 enthaltenen Voraussetzungen; im übrigen ist die Lohnbeschlagnahme den Bestimmungen der ZPO. unterworfen (s. S. 38).

Von diesem Gesichtspunkte aus sind die Ausnahmen des § 4 zu erklären: es wird durch sie nicht ein neues selbständiges Exekutionsrecht begründet, bewendet vielmehr trotz ihrer bei der fortdauernden Herrschaft der geltenden Rechtsvorschriften mit den Einschränkungen, welche durch § 4 hinsichtlich der Voraussetzungen und des Umfanges der Pfändung gemacht werden. In diesem Sinne sind die den Paragraphen einleitenden Worte: „Das gegenwärtige Gesetz findet keine Anwendung", zu verstehen (Sten.Ber. II S. 588).

2. Die eben dargelegte Absicht des Gesetzes ist aber mehrfach bei den Abänderungen, die es erfahren, durchbrochen und ein direktes, materiellrechtliches Pfändungsrecht geschaffen worden; das nähere hierüber ergibt die folgende Darstellung.

3. Die einzelnen Ausnahmen, von denen die Nummern 3 und 4 erst im Laufe der Reichstagsverhandlungen hinzugekommen sind, bilden ein recht buntscheckiges Ganze.

Zusammengewürfelt sind die Forderungen, welche gepfändet werden können (1 und 4), und die Forderungen, deretwegen gepfändet werden soll (2 und 3). Wenn auch logisch eine andere Einteilung des Stoffes angebracht erschiene, so soll doch an der Nummernfolge des Paragraphen mit Rücksicht auf die erstrebte leichtere Auffindbarkeit der einzelnen Bestimmungen festgehalten werden.

B. Die einzelnen Ausnahmen sind:

Nr. 1. Der Gehalt und die Dienstbezüge der öffentlichen Beamten.

1. Der Begriff der öffentlichen Beamten ist weder in diesem Gesetze, noch in der ZPO., noch im BGB. bestimmt; als Gegensatz zu ihnen waren gemäß Nr. 4 des § 4 früherer Fassung „die im Privatdienste dauernd angestellten Personen", die Privatbeamten des § 622 BGB. gedacht. Man wird daher als öffentliche Beamte mit Staudinger S. 169 alle Bediensteten in öffentlicher Funktion, gleichviel ob sie ihre Bestallung vom Kaiser, Landesherrn oder einer kompetenten öffentlichen Behörde ableiten, zu verstehen haben.

2. Bevorrechtigt sind durch § 850 Abs. 1 Nr. 5, 6, 8 ZPO. folgende Personenklassen derselben:

A. Die Militärpersonen.

Dieses sind:

a) die Personen des Soldatenstandes (s. Anlage z. Ges. betr. Revision des Servistarifs v. 3. August 1878, RGBl. S. 244), aber nur die dem Reichsheere zugehörigen. Den zur Landgendarmerie angehörenden kommt Nr. 5 u. 6 a. a. O. nicht zu statten, Nr. 8 nur deshalb, weil sie als „Beamte" anzusehen sind (RG. Bd. 44 S. 190; 28 S. 1);

b) die Militärbeamten, d. h. alle im Heer und in der Marine dauernd oder auf Zeit angestellten, nicht dem Soldatenstande angehörenden und unter dem Kriegsminister oder dem Chef der Admiralität stehenden Beamten, welche einen Militärrang haben (s. Verordn. v. 12. August 1901 betr. die Klasseneinteilung der Militärbeamten des Reichsheeres und der Marine (R.Ges.Bl. 1901 Nr. 36);

Die Zivilbeamten der Militärverwaltung, d. h. diejenigen, die keinen Militärrang haben, sind, obgleich sie zum aktiven Heer zählen (§ 38 RMG. v. 2. Mai 1874), keine Militärpersonen.

B. Die Beamten, Geistlichen, Ärzte und Lehrer an öffentlichen Anstalten.

1. Unter Beamten sind nicht zu verstehen die Militärpersonen (siehe unter A) und die in Absatz 1 des § 850 ZPO. unter Nr. 8 mit ihnen zugleich aufgeführten Geistlichen, Ärzte und Lehrer; es sind nach obigem Begriffe dazu die Zivilbeamten der Militärverwaltung (s. oben) und der Zivilbehörden zu rechnen, gleichviel, ob sie Reichs- oder Landesbeamte sind (vgl. Mot. z. § 311 des Entw. d. BGB. Bd. 2, S. 140), und die zur Dienstleistung im Staate, in den Kommunen, anderen öffentlichen Verbänden und Korporationen zu öffentlichen Zwecken angestellten Personen.

Aber nicht das Amt ist ausschlaggebend für den Begriff der Beamten; es gibt einerseits Beamte, die kein Amt verwalten, z. B. die in einstweiligen Ruhestand versetzten Beamten, die nach dem R.Beamt.Ges. vom 31. März 1873 als Beamte gelten (§§ 24, 119, 84—118 daselbst), und andererseits auch Verwalter öffentlicher Ämter, die nicht Beamte sind, z. B. Geistliche. Das charakteristische Merkmal des Beamtenverhältnisses ist die Begründung eines Gewaltverhältnisses auf der Seite des Arbeitgebers mit der Pflicht zum Schutze und zur Gewährung des zugesicherten Einkommens, auf der Seite des Beamten dagegen eine besondere Gehorsamstreue und Dienstpflicht (Laband, Bd. 1, S. 407; RG. Bd. 28 S. 80fg., 51 S. 305). — Ein Staatsbeamtenverhältnis liegt aber nur dann vor, wenn die auf Unterhaltung und Beförderung der Sicherheit, guten Ordnung und des Wohlstandes des Staates gerichteten Dienste (§§ 1—3 II, 10 ALR.) vom Staate für sich beansprucht und ihm selbst mittelbar oder unmittelbar geleistet werden. — Hofbeamte, die bei einem „Hofstaate" Bediensteten, genießen Beamtenqualität nur, soweit sie zugleich eine Staatsstellung bekleiden; die übrigen, wie z. B. alle an Kgl. Theatern beschäftigten Personen (OLG. VI S. 419, Müller I S. 890, a. A. Busch 18 S. 295, Pr. Verw.Bl. XIII S. 372) Hausoffizianten und Hofgesinde, haben keine Beamteneigenschaft. — Als allgemeine Norm für die Beurteilung derselben ist § 359 StrGB. anzusehen. Ein vom Militärfiskus in der Artilleriewerkstatt zur Ausführung von Arbeiten angestellter Tischler und Schlosser hat hinsichtlich der Bezüge aus diesem Dienstverhältnis Beamteneigenschaft (LG. I Berlin T. 13 (02) — ebenso der Arbeiter auf den staatlichen Schiffswerften, ebenso der Angestellte einer Berufsgenossenschaft und Krankenkasse und Versicherungsanstalt. — Den Kreis der Kommunalbeamten bestimmt das Landesgesetz v. 30. VII. 99 ev. Ortsstatut (s. Berlin vom 28. IV. 02).

Wird danach ein Beamtenverhältnis geschaffen, so ist es gleichgültig, wie die Dienstverpflichtung stattfindet — ob durch Leistung eines Diensteides oder nicht —, ob die Anstellung eine dauernd oder zeitlich begrenzte, oder gar von vornherein nur vorübergehend, auf Probezeit, Kündigung oder Widerruf gestellte ist, ob ein bestimmtes etatsmäßiges oder nicht etatsmäßiges Staatsamt bekleidet wird oder zunächst nur eine bloß vorbereitende Beschäftigung für Erlangung der Fähigkeit zu einem solchen eintritt (RG. 51 S. 304), ob das Amt im Hinblick auf Art und Umfang als ein den Lebensberuf ganz ausfüllendes Hauptamt, oder als Nebenamt anzusehen ist (Laband a. a. O.), ob höhere oder niedere Dienste geleistet, obrigkeitliche Geschäfte besorgt, oder Dienste technischer Art versehen werden, ob die Dienste selbständig mit dem Rechte eigener Verfügung und Entscheidung, oder nach Anordnung anderer Personen vorgenommen werden, ob fester Gehalt zugesichert ist oder nur ein Anspruch auf Gebühren besteht. Zu den Beamten werden daher auch die bei einer Behörde beschäftigten Diätare und Lohnschreiber gerechnet,

2. Geistliche, sowie Ärzte und Lehrer an öffentlichen Anstalten sind mit den Beamten auf eine Stufe gestellt; sind sie doch, soweit sie hier in Betracht kommen, nach obiger Begriffsbestimmung Beamte (vgl. Prot. z. Art. 78—80 Einf.Ges. z. BGB.).

Geistliche sind ohne Unterschied des Religionsbekenntnisses alle diejenigen Personen, welche in einer Religionsgesellschaft die Funktionen der Seelsorge als Amt ausüben, im Gegensatz zu anderen Kirchendienern (Gaupp u. Stein § 811 Anm. 87). Die Lehrer genießen die ihnen hier eingeräumten Vorrechte nur als „an öffentlichen Anstalten" Angestellte, also wenn sie an staatlichen, oder Kommunal-(nicht privaten)Schulen höherer oder niederer Ordnung, oder auch an anderen Anstalten, z. B. Strafanstalten, eine Lehrtätigkeit ausüben, Ärzte nur dann, wenn sie in „öffentlichen" Heilanstalten ein festes Berufseinkommen beziehen; die in öffentlichem Interesse gegebene Bestimmung ist auf Ärzte in „Privatanstalten" nicht auszudehnen, auf Krankenkassenärzte nur, wenn sie an einem der Kasse gehörigen Krankenhause angestellt sind („Das Recht" VII S. 46).

3. Bevorrechtigt ist aber nur (als Unterhaltsrente J.W. 01 S. 811)

a) das Diensteinkommen,

b) die Pension,

c) der Sterbe- oder Gnadengehalt.

a) Das Diensteinkommen aller zu einem mobilen, d. h. durch kaiserlichen Befehl kriegsbereit gestellten (Art. 63 Abs. 4 der Rverfass.; militärische Unternehmung ist nicht immer Feldzug, RGes. v. 31. V. 01, LG. Berl. T. 832, 00) Truppenteil oder zur Besatzung in Dienst gestellter Kriegsfahrzeuge gehörenden Militärpersonen (ZPO. § 850 Nr. 6) und der Sold, sowie die Invalidenpension der Unteroffiziere und Gemeinen (Nr. 5 das.) sind von jeder Pfändung ausgeschlossen, gleichviel, wie hoch sie sind, von wem und wegen welcher Forderungen sie in Anspruch genommen werden, ebenso die allen Kriegsinvaliden gewährten Kriegs-, Verstümmelungs-, Alterszulagen (RGes. v. 31. V. 1902).

Das Diensteinkommen der in Nr. 8 daselbst genannten Personen umfaßt alle dauernden Vergütungen für geleistete Dienste in Geld oder Naturalien, also außer dem Gehalte noch Wohnungsgeldzuschuß, Genuß einer Dienstwohnung, Mietsentschädigung, fortlaufende Tagegelder und Remunerationen, nicht die Vergütung für Auslagen und Verwendungen, also keine Pauschalsumme für Büreaubedürfnisse, Repräsentationsgelder, Fuhrkosten, Umzugskosten, Tagegelder und nicht fortlaufende Remunerationen, z. B. für zeitweise Beschäftigung außerhalb des dienstlichen Wohnsitzes (D. J.-Ztg. 02 S. 488). Zu letzteren, lediglich zur Bestreitung des Dienstaufwandes bestimmten Einkünften, tritt bei Offizieren, Militärärzten und Militärbeamten noch der Servis (§ 850 ZPO. Abs. 5) als Ersatz für die den Militärpersonen zustehende Naturalverpflegung. Bezüglich der den unteren Beamten gewährten Gratifikationen s. S. 53.

Tatsächlich können alle diese Einkünfte Teile des Diensteinkommens bilden und eine Gehaltserhöhung bedeuten, rechtlich sind sie aber keine Einnahmen, sondern nur Ersatzleistung für Auslagen und Aufwendungen und als solche unpfändbar (§ 850 Abs. 5 ZPO.).

b) Die Pensionen sind Bezüge der endgültig in den Ruhestand getretenen Personen; hierzu zählen auch die sogenannten Wartegelder der einstweilig in den Ruhestand versetzten Beamten (§§ 24 fg. RBeamtGes.), auch die den früheren Hypothekenbewahrern gewährten sog. Dispositionsgehälter (Ges. v. 18. VII. 96). Die im Disziplinarwege zuerkannte Unterstützung ist der Pension gleich zu achten (Reskr. d. Finanzmin. v. 9. VIII. 1884), ebenso die auf Grund des MilitUnfallges. v. 18. VI. 01 zustehende Rente, auch Zuschuß aus einer staatlich genehmigten Pensionszuschußkasse (Lisiecki und Drewes S. 118) — vgl. übrigens Nr. **10** S. 65.

c) Der Sterbe- und Gnadengehalt ist der Bezug, welcher der Witwe oder den ehelichen Nachkommen des im Dienst befindlich gewesenen und des in einstweiligem Ruhestande verstorbenen Beamten oder Pensionärs für die Zeit nach dem Tode gezahlt wird (§§ 7, 31, 69 fg. RBeamtGes.).

4. Die drei genannten Bezüge sind aber nur pfändbar

a) wenn sie je 1500 M. für das Jahr übersteigen (wegen der Bedeutung dieser Worte vgl. S. 79); die monatlich 250 M. betragende Vergütung eines als Lehrer einer Fachschule nur auf vier Monate angestellten Malermeisters ist nicht pfändbar [LG. I Berl. T. 13/02]; sie wäre es in Höhe von 33 1/3 M., wenn sie für diese Zeit 1600 M. betrüge;

b) nur in Höhe des dritten Teiles des Mehrbetrages, dagegen ohne Rücksicht auf den Betrag des Einkommens in voller Höhe angreifbar, wenn es sich um Steuerforderungen und Alimentenansprüche der Verwandten, des Ehegatten, des geschiedenen Ehegatten und des unehelichen Kindes handelt (eingehend erläutert in § 4 Nr. 2 u. 3, § 4a d. Ges. S. 67 fg.).

5. Zum Zwecke der Ermittlung des pfändbaren Teiles des Diensteinkommens werden zur Bestreitung des Dienstaufwandes (S. 62) dienende Beträge, ebenso der Servis (ebenda), selbst wenn sie einzeln oder zusammen 1500 M. für das Jahr überschreiten, nicht berücksichtigt. Auszuscheiden aus dem Diensteinkommen sind ferner die Witwen- und Waisengeldbeiträge (Allgem. Verf. vom 19. II. 83 i. Just. Min.Bl.) und Sporteln z. B. der Geistlichen für Akte der Tätigkeit bei Privaten. Nebenverdienste aus außeramtlicher Beschäftigung gehören ebenfalls nicht zum Diensteinkommen (wegen Pfändung s. Nr. **6**), ebenso wenig Einkünfte aus Privatvermögen. — Unter den „sonstigen Bezügen" des § 850 ZPO. Abs. 2 sind nur die unter Nr. 7 aufgeführten zu verstehen: Abs. 2 will nur einen Teil der unter 7 u. 8 des Abs. 1 genannte Bezüge der Pfändung unterwerfen und hat nur wegen der Verschiedenartigkeit derselben (Erziehungsgelder, Studienstipendien &c.) den allgemeinen Ausdruck „Bezüge" gewählt.

Nichtausgezahlte Ersparnisse eines Unteroffiziers an Sold fallen als Soldrückstand unter Nr. 5 Abs. 1 a. a. O. (Reskript v. 30. VI. 73, Arm.-Ver.-Bl. 73 S. 177 u. „Das Recht" VII S. 294). Die den Unteroffizieren beim Ausscheiden aus dem Dienste gewährten Dienstprämien sind als Teile der Invalidenpension der Pfändung entzogen, soweit eine solche nicht von den in § 850 Abs. 4 Genannten bewirkt wird. Die Ausdehnung des Art. 18 Abs. 3 d. RGes. v. 22. Mai 1893 auf die unehelichen Kinder ergibt das RGes. v. 17. VI. 98 betr. Ermächtigung des Reichskanzlers z. Bekanntm. der Texte § 1 (OLG. 4 S. 154; LG. Berl. I T. 395 04.) — Mit Gehalt und Diensteinkommen eines Universitätsprofessors sind nicht implicite die Kollegiengelder gepfändet (D. J.-Ztg. 01 S. 556). — Gerichtsvollziehergebühren gehören nicht zum Diensteinkommen, sind daher mit Erledigung des Auftrages fällig und pfändbar (D. J.-Ztg. 00 S. 252).

6. Mehrere aus verschiedenen öffentlich rechtlichen Dienstverhältnissen zustehende Bezüge sind zum Zwecke der Pfändung zusammenzurechnen, unabhängig davon, ob sie aus Haupt- und Nebenbeschäftigung herrühren (m. Auff. i. D. J.-Ztg. v. 1. X. 02). Wegen Konkurrenz der dienstlichen Bezüge mit solchen aus Privatdienstverhältnissen f. S. 81.

7. Das auf diese Weise sich ergebende Diensteinkommen wird, soweit es nicht in Geld selbst besteht, nach seinem Geldeswerte geschätzt (s. S. 54) und dem baren Einkommen zugerechnet. Der durch Drei geteilte Saldo bildet das der Pfändung unterworfene Diensteinkommen.

8. In § 850 Nr. 8 ZPO. ist zweifellos nur an die Pfändung des zukünftigen Gehaltsanspruchs gedacht. Trotzdem unterliegt die Pfändung des rückständigen Diensteinkommens auch den zu Nr. 8 a. a. O. aufgestellten Grundsätzen; zwischen laufenden und rückständigen Bezügen hat nicht unterschieden werden sollen, wie bezüglich der Pensionen außer Frage steht (Müller I S. 889).

9. Die Pfändung selbst ist nicht, wie beim Lohne der Arbeiter, von einem bestimmten Tage ab, sondern jederzeit (auch im Wege der Vorpfändung) zulässig und von Einforderung (S. 35) der Bezüge unabhängig. Gleichgültig ist es auch, ob letztere aus Haupt- oder Nebenbeschäftigung fließen (s. S. 31 fg.): es ist unstatthaft, aus dem auf ganz anderen legislativen Gründen beruhenden LBG. Grundsätze zur Auslegung der Regeln über Beamtengehälter herüberzuholen. — Die Pfändung erstreckt sich auch auf nach derselben fällig werdende Beträge (§ 832 ZPO.); ausbezahlte Gehaltsbeträge sind nach § 811 Nr. 8 ZPO. der Zwangsvollstreckung in bewegliche Sachen beschränkt unterworfen.

Wegen des Nachweises derjenigen Behörden, welchen als Drittschuldnern gemäß § 829 ZPO. der Pfändungsbeschluß zuzustellen ist, vgl. Anhang II S. 104 fg.

10. Das unter 4—9 Gesagte gilt auch von der Pension. Wenn nach § 832 ZPO. das Diensteinkommen als solches gepfändet ist, so erfaßt seine Beschlagnahme auch denjenigen Teil, welcher unter Bezeichnung „Pension" gewährt wird, ohne daß eine neue Pfändung desselben nötig wird. (LG. I Berl. T. 1352/03.)

Exkurs.

Das Recht der Beamten und der ihnen gleichgestellten Personen, über ihre Dienstbezüge zu verfügen,

hat in § 400 des BGB., welcher lediglich § 6 des RBeamtGes. u. § 45 RMilitGes. verallgemeinert, seine Grundlage.

A. Danach — in Verbindung mit §§ 394, 1274 BGB. — kann von seiten der Reichs- oder Landesbeamten, Geistlichen und Lehrer an öffentl. Unterrichtsanstalten (Mot. z. § 311 BGB. Bd. 2 S. 140) der Anspruch auf Zahlung von Diensteinkünften, Wartegeldern, Pensionen mit rechtlicher Wirkung nur so weit zediert, verpfändet, sonst übertragen oder zur Aufrechnung einseitig verwendet (§ 394 BGB.) werden, als er der Beschlagnahme unterliegt: die Möglichkeit der Beschlagnahme bildet gleichzeitig also auch den Maßstab für die Übertragbarkeit der Forderung und die Verfügungsfähigkeit über dieselbe. — Daraus folgt:

I. Jeder Verfügung von seiten der Berechtigten entrückt ist

1. das Diensteinkommen der in § 850 Absatz 1 Nr. 6 ZPO. genannten Personen,

2. der Sold und die Invalidenpension der Unteroffiziere und Soldaten Nr. 5 a. a. O.,

3. ein in Händen dieser Personen befindlicher Geldbetrag, welchen § 811 Nr. 8 ZPO. bezeichnet.

II. Verfügbar ist für die in § 850 Abs. 1 Nr. 8 genannten Personen der dritte Teil des 1500 M. für das Jahr übersteigenden Diensteinkommens und ihrer Pension, ja sogar noch weit mehr, wenn diese Ansprüche an Verwandte, Ehegatten usw., für die kraft Gesetzes zu entrichtenden Unterhaltsbeiträge übertragen werden. (§ 4 Nr. 3 d. Ges.) Die Abtretung vollzieht sich nach § 411 BGB.

B. Bezüglich der Reichsbeamten bewendet es bei diesen Vorschriften; bezüglich der Landesbeamten aber macht Art. 81 d. EinfGes. z. BGB. einen Vorbehalt zugunsten der landesgesetzlichen, die Vorschriften des BGB. ergänzenden Sonderbestimmungen. Wegen dieser s. Ausf.-Ges. d. Bundesst. bei Kuhlenbeck zu Art. 81 a. a. O.

In **Preußen** ist jede Verfügung über das Diensteinkommen und die Pension, also auch über den der Pfändung unterliegenden Teil, nach § 163 Anhang zur Allg. Ger.Ord. und § 26 des pr. Ges. v. 27. III. 72 ohne alle rechtliche Wirkung (RG. 44 S. 190; Müller I S. 630). Ebenso ist eine Aufrechnung entgegen dem § 394 BGB. unstatthaft, da landesgesetzliche, von dieser Bestimmung ausdrücklich abweichende Sondervorschriften über die Zulassung der Aufrechnung nicht ergangen sind, noch früher bestanden haben (RG. 55 S. 1 fg.).

Nr. 2 des § 4.

Die Lohnbeschlagnahme zum Zwecke der Beitreibung von Steuern und Abgaben.

I. Die direkten persönlichen Steuern, welche sämtliches Vermögen und Einkommen bei allen Steuersubjekten aufsuchen und belasten, somit die Steuerquellen selbst ermitteln, sind „Grund-, Häuser-, Einkommen-, Kapital-, Gewerbe- und Betriebssteuer," ferner „Provinzial-, Kreis- oder Gemeindelasten", „Kirchen-, Schul- und Armenabgaben", die an Deichverbände zu leistenden Beiträge u. a.

Alle diese Steuern existieren, abgesehen von der Kapitalsteuer, wenn auch vielleicht unter verschiedenen Namen in allen Bundesstaaten des Deutschen Reiches und unterliegen deren Gesetzgebung (Rverf., Art. 4 Nr. 2); diese entscheidet daher die Frage, ob und wieweit zum Zweck ihrer Beitreibung der Arbeits- und Dienstlohn, das Diensteinkommen oder die Pension pfändbar ist. Soweit die Landesgesetze Bestimmungen über die Frage nicht enthalten, hängt die Pfändbarkeit von den Vorschriften des § 1 uns. Ges. und § 850 ZPO. ab.

Als allgemeine Gesichtspunkte sind hervorzuheben:

1. Fällig wird eine Steuer mit dem Zeitpunkte, von dem ab ihre Beitreibung überhaupt zulässig ist; drei Monate von hier ab gerechnet darf wegen der fälligen Steuer der Lohn bezw. das Diensteinkommen in bevorrechtigter Weise gepfändet werden. Wo, wie z. B. in Preußen, die Steuerbeträge in der Mitte des Vierteljahres also am 14. II., 16. V., 16. VIII., 15. XI. fällig werden (Ausführ.Anweis. v. 5. VIII. 91 Art. 82 Nr. 3 z. Einkst. Ges.), können wegen der für das vierte Quartal fälligen Steuer bis zum 14. II. nächsten Jahres Lohnbezüge des Schuldners unabhängig von § 1 des LBGes. beschlagnahmt werden. — Die exekutivische Einziehung der seit länger als drei Monaten fälligen Steuern aber hat stets unter Berücksichtigung der genannten Bestimmungen stattzufinden, mag das Landesgesetz die Frage besonders geregelt haben oder nicht.

2. Bezüglich der Militärpersonen ist eine Einschränkung des Zwangsvollstreckungsprivilegs durch Landesgesetz bezw. im Verwaltungswege auch für das Verwaltungszwangsverfahren nicht zulässig (§ 45 RMilitGes. v. 2. V. 74).

II. In **Preußen** richtet sich die Beschlagnahme des Dienstlohnes und Gehalts wegen rückständiger Steuern und Abgaben neuerdings nach § 46 der Königl. Verord. v. 15. November 1899, betr. d. Verwaltungszwangsverfahren wegen Beitreibung v. Geldbeträgen (GS. S. 545).

Danach stellt sich die Regelung der vorliegenden Frage wie folgt:

1. Das Diensteinkommen und die Pension der Zivilbeamten, Geistlichen, Ärzte und Lehrer an öffentlichen Anstalten ist wegen „kurrenter", d. h. in dem Rechnungsjahre, in welchem sie fällig geworden, einzuziehender öffentlicher Abgaben schlechthin pfändbar, ohne daß es auf die einzelnen Hebungsperioden innerhalb des Jahres ankommt.

2. Das Diensteinkommen und die Pension der Offiziere, Militärärzte, Deckoffiziere und Militärbeamten ist auch im Verwaltungszwangsverfahren nur in Höhe eines Drittels des 1500 M. für das Jahr übersteigenden Einkommens zulässig.

3. Das Diensteinkommen der in § 850 Abs. 1 Nr. 5 u. 6 ZPO. genannten Militärpersonen, ist auch zu gedachten Zwecken unpfändbar.

4. Der Arbeits- und Dienstlohn ist, soweit die Voraussetzungen des § 1 LBGes. vorliegen, nur wegen der fälligen Steuern und nur innerhalb dreier Monate nach ihrer Fälligkeit (s. S. 68), wenn diese Voraussetzungen nur zum Teil oder gar nicht vorliegen, schlechthin wegen jedes fälligen Steuerbetrages, wenn der Lohn 1500 M. für das Jahr übersteigt, in Höhe des Überschusses ebenfalls schlechthin der Pfändung unterworfen. — Seiner Pfändung wegen Nachsteuer (§ 80 EinkstGes. u. § 46 ErgänzstGes.) steht die ausgesprochene Absicht des Gesetzes entgegen, diese Ausnahme auf das allergeringste Maß zurückzuführen (Sten.Ber. III S. 558).

Nr. 3 des § 4.

Die Lohnbeschlagnahme wegen Beitreibung der den Verwandten, dem Ehegatten und früheren Ehegatten zu entrichtenden Unterhaltsbeiträge.

I. Verhältnis der Bestimmung zu § 850 ZPO.

Nachdem die Novelle zum LBGes. vom 29. März 1897 durch Abänderung bestehender sachlicher Verschiedenheiten für den Bereich des LBGes. und des § 749 Abs. 4 ZPO.

einen übereinstimmenden Rechtszustand herbeigeführt hatte, ist dieser durch die neue Fassung der ZPO. wieder aufgehoben worden: dadurch nämlich, daß Abs. 4 des § 850 (früheren § 749) ZPO. auf die Absätze 2 u. 3 nach wie vor verweist, der Absatz 3 früherer Fassung aber in § 850 ZPO. mit Rücksicht auf Änderung der Nr. 4 § 4 unseres Gesetzes ganz fortgefallen ist, bezieht sich der Abs. 4 des § 850 ZPO. nicht mehr auf eine Bestimmung des LBG. und § 4 Nr. 3 dieses Gesetzes bildet jetzt die alleinige materielle Grundlage des den Verwandten usw. gegebenen Rechts auf Pfändung des Gehalts, bezw. Dienstlohnes des Unterhaltungspflichtigen; nur wo es sich um Pfändung dieses Anspruches gegen eine der in § 850 Abs. 1 Nr. 8 ZPO. genannten Personen handelt, ist noch der gleichlautende Abs. 4 a. a. O. maßgebend.

II. Die Bestimmung und das Zivilrecht.

Die Nr. 3 des § 4 des Gesetzes gewährt den sämtlichen Verwandten, dem Ehegatten und früheren Ehegatten ein Vorrecht bezüglich der Lohnbeschlagnahme, soweit sie kraft Gesetzes Ansprüche auf Unterhalt haben, verweist also bezüglich der materiellen Vorbedingungen auf das geltende Zivilrecht, das BGB. Dieses regelt seit dem 1. Januar 1900 ausschließlich die gesetzliche Unterhaltspflicht der Verwandten in allen Beziehungen, selbst dann, wenn die Voraussetzungen der Unterhaltspflicht bereits unter dem alten Rechte entstanden waren (Habicht S. 420, Art. 199 d. EinfGes. z. BGB.) Es besteht daher seit dem 1. Januar 1900 keine gesetzliche Unterhaltspflicht mehr zwischen Geschwistern, zwischen Personen, welche miteinander verschwägert sind (Ehemann und Schwiegermutter OLG. VI S. 421) oder in einem stiefelterlichen Verhältnisse stehen (§ 1601 BGB.). Der Unterhaltsanspruch ist für diese Personen jetzt selbst dann fortgefallen, wenn er bereits früher durch Urteil oder gerichtlichen Vergleich festgestellt, ja auch dann, wenn er durch Vertrag oder Vergleich außerhalb eines Rechtsstreites anerkannt war. — Soweit es sich allerdings um rückständige, nicht eingeklagte Unterhaltsbeiträge dieser Personen für die Zeit vor dem 1. Januar 1900 handelt, gilt auch jetzt noch das alte Recht (Habicht S. 419).

Im übrigen darf hier, wo das Vollstreckungsvorrecht den Gegenstand der Erörterung bildet, von einer Darlegung seiner Vorbedingungen auf materiellrechtlichem Gebiete, also des Unterhaltsanspruches als solchem, füglich abgesehen werden; nur insoweit sind diese Bestimmungen zu streifen, als sie für die Erkenntnis des Inhalts und Umfanges des Vollstreckungsvorrechtes von Wichtigkeit sind.

III. Das Vollstreckungsvorrecht der Verwandten und ihnen gleichgestellten Personen.

a) Bevorrechtigte Personen.

Es genießen die Unterhaltsforderungen der Verwandten usw. das Vorrecht keineswegs an sich, d. h. ohne Rücksicht darauf, ob derjenige, welcher die Forderung erhebt, der Unterhaltsberechtigte selbst oder ein Dritter ist; bevorrechtigt sind nur die Verwandten (auch die Legitimierten und an Kindesstatt Angenommenen), der Ehegatte und der frühere Ehegatte (§§ 1578, 1583, 1586, 1345/6, 1350/1 BGB., Busch 13 S. 415) selbst wegen dieses ihres Verhältnisses zum Unterhaltspflichtigen. Erhalten wird die Bevorrechtigung der Forderung ausnahmsweise kraft Gesetzes beim Ubergang 1.) auf Verwandte und Ehegatten, welche für den Nächstverpflichteten eingetreten sind (§§ 1607, 1608 BGB., vgl. S. 87) und 2.) auf den Armenverband, der den Unterhalt geleistet hat (RGes. vom 6. Juni 1870/12. März 1894 §§ 60/62).

Andere Personen, welche den Unterhaltsberechtigten verpflegen oder verpflegten, haben auf dieses Vorrecht keinen Anspruch, nur das Recht auf Ersatz des zur Erfüllung der Unterhaltspflicht selbst gegen den Willen des Verpflichteten dem Bedürftigen Geleisteten (§§ 679, 683 Satz 2 BGB.). Hierzu zählen auch diejenigen, welchen die Unterhaltsforderungen zediert sind, weil diese Abtretungen selbst rechtsungültig sind (§§ 850 Abs. 1 Nr. 2 ZPO., 400 BGB.).

Dagegen wird das Vorrecht durch Übergang der Forderung auf eine andere, ebenfalls unterhaltspflichtige Person nicht berührt (§§ 1607, 1601 BGB.; Gaupp § 850 IV S. 625).

b) Gegenstand des Vorrechtes.

Das Vorrecht haben die vorbezeichneten Personen bezüglich der Beschlagnahme des Dienstlohnes, des Diensteinkommens, der Erziehungsgelder, Studienstipendien, Pension, Witwen- und Waisenkassenbezüge und des Sterbe- oder Gnadengehalts des Unterhaltspflichtigen.

c) Inhalt des Vorrechtes.

Das den Unterhaltsansprüchen eingeräumte Vorrecht besteht darin, daß ihretwegen in die eben genannten Forderungen außerhalb der einschränkenden Vorschriften des § 1 des LBGes. und des Absatzes 2 des § 850 ZPO. vollstreckt werden kann: Der Arbeits- und Dienstlohn kann also, gleichviel, ob er 1500 M. für das Jahr übersteigt oder nicht, ohne Rücksicht auf die Dienstleistung, Ablauf des Tages der Lohnzahlung und Einforderung des Lohns gepfändet werden.

Das Diensteinkommen und die anderen in Nr. 7 und 8 Absatz 1 des § 850 ZPO. genannten Bezüge sind dagegen — auch wenn sie 1500 M. nicht übersteigen — in voller Höhe ganz uneingeschränkt (aus der Entstehungsgeschichte des Abs. 4 a. a. O. abgeleitet bei Busch 12 S. 273) der Pfändung unterworfen.

d) Umfang des Vorrechtes.

Den „Unterhaltsbeiträgen" ist das Vollstreckungsvorrecht eingeräumt, also den zur Bestreitung des Lebensbedarfs des Berechtigten notwendigen Aufwendungen, zu deren Gewährung der Verpflichtete verurteilt ist oder ohne gerichtlichen Zwang z. B. in vollstreckbarer notarieller Urkunde sich anheischig gemacht hat. Geld- eventuell auch Naturalbeiträge z. B. für den Unterhalt eines Altsitzers zur Erfüllung gesetzlicher Unterhaltspflicht gehören hierher (aM. Gaupp und Stein § 850 Anm. 40). Bei einer der Erziehung bedürftigen Person zählen hierzu auch die Kosten der Erziehung und Vorbildung zu einem Berufe; auch die Kosten des auf Gewährung von Unterhalt gerichteten Rechtsstreits werden als solche anzusehen sein (streitig s. Gaupp und Stein § 850 Anm. 88, dafür OLG. VI S. 422; anders 1. Auflage. — Selbst trotz Nichterfüllung behalten die Unterhaltsbeiträge vom Verzuge ab ihren bevorrechtigten Charakter. Der Satz „in praeteritum non vivitur" ist dem BGB. fremd (§ 1613, Gaupp und Stein ebenda Anm. 44). — Die Zinsen rückständiger Beiträge sind aber keine Unterhaltsbeiträge (Bl. f. Rpfl. 1898 S. 68), ebensowenig ist es der Prozeßkostenvorschuß des Ehemannes für die Ehefrau (J.W. 00 S. 339), der Anspruch der ehelichen Tochter auf Aussteuer (§ 1620 BGB.) oder der Anspruch des Unterhaltsberechtigten gegen denjenigen, welcher dem Unterhaltspflichtigen durch dessen Tötung oder Verletzung die Erfüllung der Unterhaltsgewährung unmöglich machte (§§ 843, 844 BGB., §§ 3, 3a RhaftpflGes. v. 18. VIII. 96), wenngleich diese Forderungen die wirtschaftlichen Funktionen von Unterhaltsansprüchen haben (Pick S. 114fg.).

Das den Unterhaltsbeiträgen eingeräumte Vollstreckungsvorrecht ist aber teils sachlich, teils zeitlich beschränkt:

1. Sachlich ist es nur den „kraft Gesetzes" zu entrichtenden Beiträgen zugesprochen, also denjenigen,

welche ihren unmittelbaren Rechtsgrund im Gesetze haben, in einem zustandsrechtlichen Verhältnisse der Verwandtschaft oder Ehe einerseits und dem Vermögen des Verpflichteten sowie dem Bedürfnisse des Berechtigten andererseits (OLG. VII S. 317). Daraus folgt

α) Ein übermäßige Leistungen zusichernder Vertragsanspruch eines an sich Unterhaltsberechtigten genießt nur in der das gesetzliche Maß nicht übersteigenden Höhe das Pfändungsvorrecht.

β) Ein von jeder gesetzlichen Verpflichtung losgelöster, lediglich auf Vertrag und letztwilliger Verfügung beruhender Unterhaltsbeitrag genießt nicht das Vorrecht.

γ) Ein gesetzlicher Unterhaltsanspruch verliert dadurch nicht seinen bevorrechtigten Charakter, daß er durch Vertrag oder Vergleich außergerichtlich oder gerichtlich anerkannt wird (vgl. Drucks. d. Reichst. 4. Sess. 1895—97 S. 4546), gleichviel, ob die Zahlung einmaliger Abfindung oder fortlaufender Beträge festgesetzt wird. Der die Lohnbeschlagnahme betreibende Unterhaltsberechtigte, z. B. der Altsitzer, welcher das Pfändungsvorrecht für sich in Anspruch nimmt, hat daher zu behaupten ev. zu beweisen, daß die Unterhaltsgewährung „kraft Gesetzes" verlangt wird.

2. Auch eine zeitliche Schranke ist dem Pfändungsvorrechte gesetzt, wie sie sich schon in § 749 Absatz 4 ZPO. (alter Fassung) fand und nach der Begründung der Novelle v. 29. März 1897 in die Nr. 3 § 4 d. Ges. im Interesse der Gleichmäßigkeit beider Vorschriften aufgenommen worden ist. Nur „für die Zeit nach Erhebung der Klage und für das diesem Zeitpunkte vorausgehende letzte Vierteljahr" besteht das Vollstreckungsvorrecht wegen der Unterhaltsbeiträge, wenn solche auch für die Vergangenheit, vom Augenblicke des Verzuges oder der Rechtshängigkeit an, gefordert werden können (§§ 1613, 1360, 1580, 1351 BGB.). — Die Motive zu § 749 a. a. O. (§ 696 d. Entw. d. ZPO. S. 436) erklären bei der Lohnpfändung im öffentlichen

Interesse die Nichtgefährdung des notwendigen Unterhalts des Schuldners und seiner Familie als „maßgebende Rücksicht, gegen welche Umstände, die in dem Grunde der beizutreibenden Forderung (Alimentationspflicht, unerlaubte Handlung) liegen, zurücktreten müssen“ und gestatten hiervon nur **eine** Ausnahme zugunsten der „laufenden Alimente“ der Ehefrau und der ehelichen Kinder. In diesem Sinne ist die eingangs erwähnte Zeitbestimmung zu verstehen; demnach sind Unterhaltsbeiträge, selbst wenn sie als rückständige nach der Ausdrucksweise des Verkehrs angesehen werden, doch laufende im Sinne dieses Gesetzes, wofern sie aus der Zeit nach der Klageerhebung und dem vorhergehenden letzten Vierteljahre herrühren, z. B. Unterhaltsbeiträge seit dem Jahre 1898 auf Grund eines Urteils vom Jahre 1890. Dagegen sind Unterhaltsbeiträge aus dem Jahre 1898 laufende nicht zu nennen, wenn die Klage ihretwegen mehr als drei Monate später erhoben ist. Letzterenfalls unterliegt die Beschlagnahme den einschränkenden Bestimmungen des § 1 d. Ges. bezw. des § 850 Abs. 2 ZPO.

Gegen Ausdehnung des Vollstreckungsvorrechts auf die seit gar zu langer, wenn auch nach Klageerhebung liegender Zeit geschuldeten Unterhaltsbeiträge schützt die vierjährige Verjährungsfrist (§ 218 Abs. 2 BGB.).

Der Klageerhebung, d. h. Klagezustellung (§ 253 ZPO.) steht die Zustellung eines Zahlungsbefehls (§ 693 ZPO.), und der Zeitpunkt des Antrages auf einstweilige Verfügung (§§ 935, 936 a. a. O.; Bl. f. Rpf. 5 S. 47) oder der Ausstellung einer vollstreckbaren Urkunde (OLG. VII S. 316) gleich.

e) Die Verwirklichung des Vorrechtes geschieht durch Forderungspfändung.

Da die gesamten Einkünfte des Unterhaltspflichtigen, ja sogar sein Vermögen und seine Erwerbsfähigkeit stets als ein Ganzes bei Bemessung seiner Leistungen im Schuldtitel in Betracht gezogen worden sind (Ggstz. § 4a S. 86), so kann sich der Unterhaltsberechtigte wegen seiner ganzen Forderung an ein ihm beliebendes Vermögensobjekt des Pflichtigen, also auch an den Dienstlohn ganz halten und darf nicht vom Verpflichteten auf andere Vermögensbestandteile oder Einkünfte verwiesen werden. Wohl aber kann der letztere bei wesentlicher Änderung seiner Verhältnisse entsprechenden Nachlaß seiner Leistungen verlangen (§ 323 ZPO.).

IV. Das Verhältnis der bevorrechtigten zu nicht bevorrechtigten Gläubigern

wird mangels einer gesetzlichen Sondervorschrift durch die Reihenfolge ihrer Pfändungen bestimmt. Hat der Nichtbevorrechtigte zuerst gepfändet, so muß sich der Bevorrechtigte mit dem Überreste der Lohnbezüge begnügen, selbst wenn er wegen der ihm zukommenden Unterhaltsbeiträge nicht mehr voll befriedigt wird. Dagegen hat im umgekehrten Falle die nachfolgende Pfändung des Nichtbevorrechtigten nur dann Erfolg, wenn durch die Beschlagnahme des Bevorrechtigten der über den unpfändbaren Teil hinausgehende Betrag der Bezüge nicht erschöpft wird. Es darf also ersterer den letzteren nicht auf den für ihn unpfändbaren Teil der Bezüge verweisen bzw. dessen Forderung auf diesen Überrest anrechnen. Denn von jeder Pfändung wird zunächst der allgemein pfändbare Teil der beschlagnahmten Forderung ergriffen. Anderenfalls würde das Vorrecht der Verwandten den Nichtbevorrechtigten indirekt zu gute kommen (Busch Bd. 17 S. 166).

V. Das Verhältnis der Bevorrechtigten zueinander

bestimmt § 1609 BGB. ohne Rücksicht darauf, wer von ihnen die Bezüge des Unterhaltspflichtigen zuerst beschlagnahmt hat: Der durch die frühere Pfändung eines im Range Nachstehenden Benachteiligte kann auf Grund der §§ 766 oder 853, 872 fg. ZPO. eine dem Gesetze entsprechende Verteilung der gepfändeten Beträge außerhalb der Reihenfolge der Pfändungen erzwingen. — Ein Bevorrechtigter, der nicht selbst gepfändet hat, kann (in der eben angeführten Weise) erst dann einen anderen bevorrechtigten Pfandgläubiger aus dem Felde schlagen, wenn er auch seinerseits eine Pfändung der gepfändeten Beträge herbeigeführt hat. Ohnedem hat er nur einen Anspruch gegen den Unterhaltspflichtigen aus dessen Einkünften, aber kein direktes Recht an dem Lohne und auf denselben (Keidel S. 234). Letzteres erlangt er schnellstens durch arrestweise Pfändung des Befriedigungsanspruches des Erstpfändenden oder durch Klageanstellung verbunden mit arrestweiser Pfändung der nämlichen Gehaltsrate. Alsdann kann er auch vom Drittschuldner, abgesehen von der Einwendung aus § 766, gemäß § 853 Hinterlegung des Schuldbetrages verlangen und in dem nun eintretenden Verteilungsverfahren seinen Widerspruch gegen den Teilungsplan durch Widerspruchsklage (§§ 878, 879) geltend machen. — Der unterhaltspflichtige Schuldner kann dagegen ohne weiteres die Einwendungen aus § 766 ZPO. wie für sich, so auch für einen benachteiligten Verwandten erheben, selbst wenn dieser nicht geklagt hat.

Nr. 4 des § 4.

Die Beschlagnahme des 1500 M. für das Jahr übersteigenden Arbeits- oder Dienstlohnes.

Unter Nr. 4 gestattet der § 4 des LBG. endlich noch eine schwerwiegende, materiellrechtliche Ausnahme von den Grundsätzen seines § 1, indem er schlechthin eine Pfändung der 1500 M. für das Jahr übersteigenden Vergütung für zulässig erklärt. Diese Bestimmung stellt eine durch Art. 3 des EinfGes. zum Ges. betr. Änderungen der ZPO. vom 17. Mai 1898 eingeführte wesentliche Erweiterung der früheren Nr. 4 dar.

Aus dem Gegensatze zur früheren Fassung der Nr. 4, der Begründung der Novelle und der Bezugnahme auf §§ 1 und 3 des Gesetzes wird das richtige Verständnis für den Sinn der Vorschrift entnommen:

1. Die „öffentlichen Beamten" der Nr. 1 des § 4 des Gesetzes waren im Gegensatz zu den früher hier genannt gewesenen Personen gestellt; dieser Gegensatz muß als fortbestehend erachtet werden, wenn auch der Wortlaut dieser Nr. 4 geändert ist: Auf alle Personen, für deren Dienstbezugsbeschlagnahme § 850 ZPO. Bestimmung trifft, findet die Nr. 4 demnach keine Anwendung.

2. Die Beschränkung auf die „im Privatdienst Angestellten" ist fortgefallen; daher werden alle Klassen von Arbeitern und Bediensteten: Arbeiter, Gesinde, Werkführer, Bureaubeamte, Privatsekretäre, Handlungsgehilfen, Prokuristen, Lehrer, Erzieher, Redakteure, Gutsverwalter, Forstbeamte, Syndici, Hausdamen, Direktoren größerer Erwerbsgesellschaften, Ingenieure usw. von der Vorschrift gleichmäßig betroffen.

3. Die Beschränkung auf die „dauernde Anstellung", wie sie die Nr. 4 in Abs. 2 früher definierte, ist fortgefallen (s. S. 19). Es ist danach die Pfändung über 1500 M. jährlich auch bei Angestellten zugelassen, welche auf weniger, als ein Jahr angenommen sind oder deren Kündigungsfrist — vertraglich oder gesetzlich — weniger als 3 Monate beträgt (§§ 621 fg. BGB.; 66 HGB.; 122, 133a GewOrd.; 112, 113 GesOrd. (Die Worte der neuen Vorschrift „für das Jahr" stehen in keinem Gegensatze hierzu, bedeuten auch keine neue Schranke für die Anwendbarkeit der Bestimmung [vgl. Nr. 4, folgende Seite]).

Aufrecht erhalten ist aber das Erfordernis eines Arbeits- und Dienstverhältnisses (s. S. 27 fg.), welches die Erwerbstätigkeit der Vergütungsberechtigten vollständig oder hauptsächlich in Anspruch nimmt. Diese Absicht ergibt die Stellung der Bestimmung im LBG. und die Verweisung auf §§ 1, 3 des Ges. selbst. — Für Gehaltspfändung der diesem Gesetze nicht unterstehenden Personen gilt das S. 38 Gesagte.

4. Da die Vertragsdauer, wie gezeigt (Nr. 3), für die Pfändbarkeit der Vergütung nicht mehr bestimmend ist, so drücken die Worte „für das Jahr" keine Zeitdauer der Beschäftigung, überhaupt keine Zeitspanne, nur eine Zeiteinheit aus, das Zeitmaß, nach welchem Einkünfte in der Regel berechnet werden. Darauf deutet auch die Änderung des „jährlich" der früheren Fassung in das jetzige „für das Jahr". — Das Jahr ist also weder das Kalenderjahr, noch das Vertragsjahr, sondern die Zeiteinheit eines Jahres vom Tage der Zustellung des Pfändungsbeschlusses an gerechnet.

Daraus folgt: Zuzulassen ist die Lohnbeschlagnahme auch für kürzere und kürzeste Zeiteinheiten, für Wochen und Tage (s. S. 28), vorausgesetzt, daß der Schuldner das ganze Jahr hindurch oder wenigstens voraussichtlich diese Zeit über seiner berufsmäßigen Beschäftigung, wenn auch in mehreren aufeinander folgenden Dienstverhältnissen obliegt (s. S. 27; S. 63 Nr. 4a Beispiel des Gegenteils).

Unmaßgeblich ist, ob Schuldner das volle Jahr hindurch in gleicher Höhe Einkünfte bezieht (s. Anhang I S. 101), wofern er nur im Jahre eine 1500 M. übersteigende Vergütung erhält (s. Nr. 5 am Ende).

5. Für alle dem LBG. unterstehenden Personen bildet 1500 M. jährliche Einnahme die Grenze, bis zu welcher die Vergütung nach § 1 gegen Beschlagnahme geschützt sein und über welche hinaus ein Schutz, als nicht mehr gerechtfertigt, überhaupt

nicht stattfinden soll. Der den Betrag von 1500 M. für das Jahr übersteigende Teil der Vergütung ist daher von jedem Gläubiger wegen jeder Forderung und zu jeder Zeit, also auch vor Fälligkeit und Einforderung, ja sogar vor Leistung der Arbeit selbst dann pfändbar, wenn Schuldner dadurch außer stand gesetzt wird, seine vertraglichen Verpflichtungen zu erfüllen (LG. Berlin T. 1900/01). Insoweit ist auch die Vorpfändung der Vergütung gestattet (vgl. dagegen S. 34). — Schon bei Beginn der Zwangsvollstreckung (d. h. bei Erlaß des Pfändungsbeschlusses [RG. 25 S. 370]) muß der Gehalt 1500 M. übersteigen; eine infolge tatsächlichen Minderbetrages der Bezüge von Anfang an unwirksame Beschlagnahme wird nicht durch eine spätere, wenn auch noch vor Zustellung des Beschlusses eintretende Gehaltserhöhung rechtswirksam: § 833 ZPO. hat die Rechtsbeständigkeit der Pfändung zur Voraussetzung. — Eine 1500 M. für das Jahr nicht erreichende Vergütung ist unpfändbar, selbst wenn bei schwankenden Einnahmen der Teilbetrag einer oder mehrerer Lohnperioden den gesetzlichen Mindestbetrag übersteigt. Dem Schuldner steht in diesem Falle das Recht auf Aufhebung der trotzdem angeordneten Pfändung (§ 766 ZPO.) zu, wenn er nachweisen kann, daß ihm nicht 1500 M. für das Jahr verbleiben. Anhang I S. 101.

6. Die Bestimmung, ebenso § 1, kommt nicht zur Anwendung, wenn wegen der in § 4 Nr. 2 und 3, sowie § 4a des Ges. aufgeführten Ansprüche eine Lohnbeschlagnahme erfolgen soll (s. S. 69, 72, 88), ebenfalls nicht, wo es sich um rückständige Lohnforderungen handelt (LG. I. Berl. T. 59/04; s. S. 33, 40).

7. Wegen des Begriffes Vergütung s. S. 49; die nicht darunter fallenden Pensionen und Schadensansprüche sind ohne Rücksicht auf ihre Höhe schlechthin pfändbar.

8. Der Gesamtbetrag der Vergütung ist die Summe aller Bezüge, welche dem Angestellten aus einem

Arbeits- oder Dienstverhältnisse zukommen (s. S. 54); um ihn zu finden, müssen sämtliche Teile und Arten der Vergütung ermittelt und festgestellt werden (s. ebenda).] Wenn mehrere Bezüge aus verschiedenen Dienstverhältnissen sich in einer Hand vereinigen, so gelten folgende Regeln (vgl. wegen Begründung m. Auff. i. D. J.-Z. 02 S. 449, 505):

a) Von den Bezügen aus privaten Dienstverhältnissen ist der aus der Nebenbeschäftigung herrührende stets, der aus der Hauptbeschäftigung fließende nur in Höhe des 1500 M. für das Jahr übersteigenden Betrages unbeschränkt pfändbar; zwei, die Arbeitszeit gleich stark in Anspruch nehmende Bezüge dürften zusammenzurechnen und der 1500 M. übersteigende Bezug pfändbar sein, wobei sich Gläubiger an einen ihm beliebenden Bezug halten kann (Busch 30 S. 550 fg.).

b) Mehrere Bezüge aus verschiedenen öffentlichrechtlichen Dienstverhältnissen sind zum Zwecke der Pfändung zusammenzurechnen (ebenso LG. I. Berl. T. 434/04).

c) Mehrere, teils aus öffentlichrechtlichem, teils aus privatem Dienstverhältnisse fließende Bezüge sind nur soweit pfändbar, als jeder einzelne der Beschlagnahme unterliegt; dabei wird vorausgesetzt, daß die Beschäftigung im privaten Verhältnisse keine nebensächliche ist. (Sonst s. a.)

9. Was für die Pfändung der Vergütung gilt (s. unter 5), gilt auch für die Verfügung der Angestellten darüber durch Zession, Anweisung, Verpfändung, Aufrechnung oder andere Rechtsgeschäfte (s. S. 10).

Strafgelder (s. S. 44) und Vorschüsse (s. S. 42) sind — selbst im Falle gegenteiliger Abrede — stets auf den unpfändbaren Teil der Lohnforderung anzurechnen: Ihre Anrechnung auf den pfändbaren Teil derselben ließe dem Schuldner zum Nachteile der Gläubiger ev. im Widerspruche mit der Absicht des Gesetzes mehr, als die gewährleisteten 1500 M. für das Jahr.

a) Ist der Vorschuß geringer, als der unpfändbare Gehaltsteil einer Lohnperiode (S. 33), so wird er auf diesen verrechnet, während der Restbetrag dieses Teils dem Schuldner verbleibt und der pfändbare Gehaltsteil dem Pfändungspfandgläubiger auszuzahlen ist. — b) Ist der Vorschuß dagegen größer, als der unpfändbare Gehaltsteil einer Lohnperiode, so wird der zunächst fällig werdende Bezug eventuell bis zu voller Höhe auf den Vorschuß verrechnet, nach dessen Deckung aber von dem demnächst zur Hebung gelangenden Gehaltsbezuge außer dem an sich pfändbaren Teile auch von dem an sich unpfändbaren Teile dem Pfändungsgläubiger eine Summe ausgeantwortet werden müssen, welche dem in der früheren Lohnperiode über das unangreifbare Maß hinaus als Vergütung an sich zu Zahlendem entspricht. Im September z. B. ist dem Angestellten die ganze Vergütung von 200 M. für Oktober als Vorschuß gezahlt, als der Gehalt wegen 400 M. gepfändet wird. Dann sind im November dem Pfändungsgläubiger außer den ihm nach § 4 Nr. 4 des BGB. gebührenden 75 M. noch weitere 75 M. von den an sich unpfändbaren 125 M. zu gewähren. Auf diese Weise erhält für Oktober und November zusammen Schuldner 200 M. (Vorschuß) und 50 M. (Gehalt) = 250 M., d. h. die gesetzlich ihm freigelassene Quote seiner Bezüge, Gläubiger aber 2 × 75 = 150 M.; für die nächsten Monate sind dagegen nur die pfändbaren je 75 M. bis zur Tilgung der Forderung des Gläubigers dem Schuldner vom Gehalte zu kürzen. c) Ist der Vorschuß größer, als der ganze Gehaltsteil einer Lohnperiode, so wird nach demselben Prinzipe verfahren: beträgt in dem gewählten Beispiele der Vorschuß nicht 200, sondern 300 M., so behält Schuldner von den für November an sich ihm noch zukommenden 100 M. nichts, und an den Gläubiger werden sie ganz abgeführt, weil er als pfändbaren Teil zweier Monatsraten 150 M. zu verlangen hat, ja er hat noch 50 M. zu gute; diese erhält er im Dezember neben dem pfändbaren Teile dieses Monats, so daß er 75 + 50 M. = 125 M. bezieht, während dem Schuldner für Dezember 75 M. verbleiben. Auf diese Weise behält für Oktober bis Dezember Schuldner 3 × 125 M. = 375 M., also die nach dem Gesetze für die fragliche Zeit ihm gewährleistete Summe.

Die Abrede des Arbeitnehmers mit dem Arbeitgeber, nur in bestimmter Höhe den Vorschuß auf die in den einzelnen Lohnperioden fällig werdenden Bezüge verrechnen zu wollen, erscheint unbedenklich, weil sie die Rechte der Pfandgläubiger nicht schmälert.

§ 4a.

Auf die Beitreibung der zugunsten eines unehelichen Kindes von dem Vater für den im § 4 Nr. 3 bezeichneten Zeitraum kraft Gesetzes zu entrichtenden Unterhaltsbeiträge findet dieses Gesetz nur insoweit Anwendung, als der Schuldner zur Bestreitung seines nothdürftigen Unterhalts und zur Erfüllung der ihm seinen Verwandten, seiner Ehefrau oder seiner früheren Ehefrau gegenüber gesetzlich obliegenden Unterhaltspflicht der Vergütung (§§ 1, 3) bedarf. Hierbei werden ausschließlich die Leistungen berücksichtigt, welche vermöge einer solchen Unterhaltspflicht für den nämlichen Zeitraum oder, falls die Klage zugunsten des unehelichen Kindes nach der Klage eines Unterhaltsberechtigten erhoben ist, für die Zeit von dem Beginne des der Klage dieses Berechtigten vorausgehenden letzten Vierteljahrs ab zu entrichten sind.

A. Einleitung.

Der Paragraph ist durch die Novelle vom 29. März 1897 eingeschoben worden; er trägt dem Bedürfnisse nach einer Sicherstellung der Unterhaltsansprüche unehelicher Kinder Rechnung, indem er die in § 4 Nr. 3 des Gesetzes den Verwandten usw. zuerkannten Vergünstigungen für Beschlagnahme des Dienstlohnes des Unterhaltspflichtigen auf die Unterhaltsansprüche unehelicher Kinder gegen ihren Erzeuger ausdehnt, diesen Personen ebenfalls ein Vollstreckungsvorrecht gewährt.

Für „Verwandte, Ehefrau und frühere Ehefrau" wird bei Erläuterung von § 4a kurzweg nur „Verwandte" gesagt werden.

B. Die Erläuterung der Vorschrift.

I. Auslegung des Wortlautes.

Die Vorschrift des § 4a ist in der Wortfassung durchaus derjenigen des § 4 Nr. 3 nachgebildet, wie sie auch inhaltlich sich an jene Bestimmung anlehnt; ihre Fassung soll, wie die Motive besagen, zum Ausdruck bringen, „daß der Regel nach die dem unehelichen Kinde wegen der Unterhaltsbeiträge gestattete Zwangsvollstreckung in den Dienstlohn der im § 1 des Gesetzes vom 21. Juni 1869 vorgeschriebenen Beschränkung nicht unterliegt, daß aber in Abweichung von dieser Regel die Beschränkungen bezüglich derjenigen Beiträge Platz greifen, welche der Schuldner für sich und seine Familie zum Unterhalt braucht." Dies ist die Erkenntnisquelle für den Sinn der Worte: danach scheint es fast, als ob in Fällen der Konkurrenz der Unterhaltsansprüche unehelicher Kinder mit denen der Verwandten die Beschränkungen des § 1 des Gesetzes für die Unterhaltsbeiträge der letzteren in

Geltung treten sollen. Das ist aber nicht gemeint. Es hätte keinen Sinn, die Unterhaltsbeiträge der Verwandten in § 4 Nr. 3 von den Beschränkungen des Gesetzes zu befreien und sie wieder daran zu binden, wenn ein uneheliches Kind mit seinem Anspruche konkurrierte. Wie sollten außerdem die Forderungen des unehelichen Kindes sich dann verwirklichen! Es ist mit der Bestimmung nur dasselbe ausgedrückt, das bezüglich der Pfändung des Diensteinkommens und der gleichgestellten Bezüge der § 850 ZPO. in seinem Abs. 4 (Art. 2 der Novelle) ausspricht, da die Novelle vom 29. März 1897 nach ihrer ausgesprochenen Absicht (vgl. Begründung S. 2) einen „gleichen Rechtszustand für den Bereich des Gesetzes vom 21. Juni 1869 und der ZPO. unter Beseitigung bestehender sachlicher Verschiedenheiten, für welche es an einem inneren Grunde fehlt", herbeiführen wollte:

Die angeführte Vorschrift der ZPO. erklärt die Gehaltspfändung ohne Rücksicht auf den Betrag, also ohne die im übrigen (im Gesetze) gezogene Schranke wegen der zugunsten der unehelichen Kinder zu entrichtenden Unterhaltsbeiträge für zulässig und fährt dann fort: „Diese Vorschrift findet jedoch insoweit keine Anwendung, als der Schuldner zur Bestreitung seines notdürftigen Unterhalts und zur Erfüllung der ihm seinen Verwandten . . . gegenüber gesetzlich obliegenden Unterhaltungspflicht der Bezüge bedarf." Das Recht der Gehalts- und Lohnpfändung zugunsten der unehelichen Kinder erleidet daher **nur bezüglich des Umfanges** eine Einengung durch die Rücksicht auf den eigenen Unterhalt des Verpflichteten und die Unterhaltsbedürfnisse seiner Verwandten, ist im übrigen aber unbeschränkt.

Der zweite Satz des Paragraphen bildet zwar für das Verständnis ebenfalls Schwierigkeiten; da diese aber den Sinn und die Bedeutung der Vorschrift weit mehr angehen, als ihren Wortlaut, so wird davon später die Rede sein.

II. Das Verhältnis der Bestimmung zu § 850 Abs. 4 ZPO.

ist das gleiche wie dasjenige der letzteren Bestimmung zu § 4 Nr. 3 unseres Gesetzes (s. S. 69).

III. Die Bestimmung und das Zivilrecht.

Während § 4 Nr. 3 des Gesetzes nur eine prozessuale Bestimmung über die Pfändbarkeit des Arbeits- und Dienstlohnes für Unterhaltsbeiträge der Verwandten usw. enthält, die Feststellung der Vorbedingungen der Unterhaltspflicht auf materiell-rechtlichem Gebiete aber dem geltenden Zivilrechte überläßt, so trifft § 4e eine über das rein prozessuale Gebiet hinausgehende **materielle,** im BGB. nicht enthaltene Bestimmung: Er ordnet das Rangverhältnis der Unterhaltsansprüche der Verwandten und des unehelichen Kindes behufs Befriedigung aus dem Arbeits- und Dienstlohne des Unterhaltspflichtigen (hierüber s. S. 90) und sichert dem Schuldner den zu seinem und seiner Familie Unterhalte erforderlichen Teil der Vergütung im Zwangsvollstreckungsverfahren.

Letzteres erschien notwendig, weil im BGB. die Unterhaltsansprüche der unehelichen Kinder, im Gegensatze zu denen der Verwandten, nicht von den Vermögens- und Erwerbsverhältnissen des Unterhaltspflichtigen abhängen (abgesehen vom Falle des § 1708 Abs. 2 a. a. O.), diese Umstände also bei der Verurteilung zur Unterhaltsgewährung selbst völlig unberücksichtigt bleiben. —

Im übrigen regelt das BGB. nach Voraussetzungen, Inhalt und Umfang die hier nicht zu erörternde rechtliche Stellung der unehelichen Kinder. — Dieselbe bestimmt sich hinsichtlich der vor dem 1. Januar 1900 Geborenen auch jetzt noch nach den Landesgesetzen (Art. 208

EG. z. BGB.): Wo für sie eine Unterhaltspflicht des Vaters in geringerem Maße, als jetzt nach dem BGB., oder gar nicht bestand, behält es dabei auch fernerhin sein Bewenden.

IV. Das Vollstreckungsvorrecht der unehelichen Kinder.

1. Bevorrechtigte Personen. Uneheliche Kinder sind die außerhalb einer ehelichen Verbindung geborenen (auch die sogenannten Brautkinder), ferner die einer giltigen Ehe entstammenden, wenn deren eheliche Abstammung mit Erfolg angefochten ist (§ 1593 BGB.), weiter Kinder aus einer nichtigen Ehe, wenn diese für ungiltig erklärt und nicht in das Heiratsregister eingetragen ist, oder wenn beiden Ehegatten bei Eingehung der Ehe deren Nichtigkeit bekannt war (§ 1699 BGB.), endlich Kinder von Eltern, deren Heirat ein öffentlich trennendes Ehehindernis entgegenstand (§§ 1732, 1310 BGB.).

Die bevorrechtigte Pfändung des Dienstlohnes des Vaters wegen der Unterhaltsansprüche des unehelichen Kindes ist nicht nur letzterem selbst durch seinen gesetzlichen Vertreter, sondern auch denjenigen Personen gestattet, auf welche, wie aus der Fassung des § 4a folgt (**„zugunsten unehelicher Kinder“**), der Anspruch des Kindes gegen den Vater kraft Gesetzes von selbst übergeht (Begründ. d. Entw. S. 2). Es sind dies die Mutter oder ein unterhaltspflichtiger mütterlicher Verwandter des Kindes, soweit sie demselben Unterhalt gewähren oder gewährt haben (§§ 1709 Abs. 2, 1711 BGB. — auch in ihrer Eigenschaft als Erben des Kindes wegen der bis zu dessen Tode entstandenen Unterhaltsansprüche, weil auch diese auf die Genannten kraft Gesetzes sofort bei der Entstehung, also schon zu Lebzeiten des Kindes übergehen (§§ 1711, 1709 BGB.; entgegengesetzt LG. I Berlin i. Bl. f. Rpfl. 01 S. 16). Dadurch wird der Grundsatz der Bevorrechtigung der Personen (nicht der

Forderungen als solchen) in keiner Weise durchbrochen. Anderen Personen dagegen, welche tatsächlich das Kind verpflegen oder verpflegt haben, ist das Vorrecht der Genannten nicht eingeräumt, weil sie nicht auf Grund eines kraft Gesetzes unmittelbar auf sie übergegangenen Rechts eine Unterhaltsforderung zugunsten des unehelichen Kindes geltend machen, vielmehr nur Rückerstattung des für Rechnung des Unterhaltspflichtigen Geleisteten verlangen (§§ 679 fg. BGB.). Unrichtig ist daher die Entscheidung des Kammergerichts (OLG. VI S. 423) welche auch dritten, außerhalb des bestimmten Personenkreises Stehenden das Pfändungsvorrecht zuspricht, unrichtig schon aus dem Grunde, weil sie eine Abtretung der Unterhaltsansprüche des unehelichen Kindes an Dritte für rechtlich zulässig erklärt unter Nichtbeachtung der §§ 850 Abs. 1 Nr. 2 ZPO. u. 400 BGB., welche eine solche geradezu verbieten. — Ausnahmsweise ist den Armenverbänden, welche den Unterhalt geleistet haben, das gleiche Vorrecht, wie den Verwandten selbst, eingeräumt (RGes. über d. Unterstützwohns. v. 12. März 1894 § 62). — Der Übergang der Forderung auf seiten des Unterhaltspflichtigen berührt das Vorrecht nicht (§§ 1712, 1705 BGB.).

2. Der Gegenstand und **3.** Inhalt des Vorrechts ist der gleiche wie im § 4 Nr. 3 d. Ges.; vgl. die Ausführungen S. 72.

4. Der Umfang des Vorrechts unterliegt zeitlichen und sachlichen Beschränkungen:

A. Das für die Vergangenheit geschuldeten Unterhaltsbeiträgen eingeräumte (§ 1711 BGB.) Vorrecht ist auf das der Erhebung der Klage vorausgehende letzte Vierteljahr beschränkt; für die Zeit nach Erhebung der Klage steht es unbeschränkt zu, ebenso wie dasjenige der Verwandten (vgl. die Auslegung S. 74 fg.).

B. Sachlich ist das Vorrecht

a) nur den „kraft Gesetzes" zu entrichtenden „Unterhaltsbeiträgen" eingeräumt (vgl. S. 73 fg.),

b) dadurch beschränkt, daß dem Vater des unehelichen Kindes von dem Lohne bezw. Diensteinkommen der „notdürftige Unterhalt für sich selbst“ und „die zur Erfüllung der gesetzlichen Unterhaltspflicht“ gegenüber den Verwandten notwendigen Mittel belassen werden müssen, gleichviel, ob er freiwillig, oder, durch Richterspruch gezwungen, den Pflichten gegen die Familie nachkommt. Soweit die Lohn- bzw. Dienstbezüge darüber hinaus einen Überschuß ergeben, fließt er dem unehelichen Kinde zu. — Wenn von dem Arbeitsverdienste in Verbindung mit anderen Einkünften die Unterhaltsbedürfnisse des Unterhaltspflichtigen, seiner Familie und des unehelichen Kindes voll gedeckt werden, so kann das Kind wegen seiner Ansprüche die Lohn- und Dienstbezüge ev. ganz für sich beschlagnahmen (vgl. S. 76). Bei der folgenden Besprechung des § 4a wird stets vorausgesetzt, daß der Unterhaltspflichtige seines Arbeitsverdienstes zu seinem und seiner Familie Unterhalte bedarf.

Bei der Lohnpfändung des unehelichen Kindes ist demnach folgendes zu berücksichtigen:

1. Das Recht des Vaters an dem vom unehelichen Kinde gepfändeten Arbeitsverdienste erstreckt sich auf das zur Bestreitung seines notdürftigen Unterhalts Erforderliche.

„Der notdürftige Unterhalt“, welcher im Gesetze ebenso wenig wie im BGB. definiert ist, bildet den Gegensatz zum „standesgemäßen“, d. h. demjenigen „Unterhalte, dessen Maß sich nach der Lebensstellung des Bedürftigen richtet“ (§ 1610 BGB.). Wenn sonach bei seiner Bemessung jede Rücksicht auf den Stand und die gesellschaftliche Stellung des Unterhaltspflichtigen auf der einen Seite schwinden muß, so wird doch auf der anderen Seite das Maß des notdürftigen Unterhalts auch nicht unterschiedslos auf das zum Unterhalte erforderliche Notdürftigste abzustellen sein, etwa auf dasjenige, was die öffentliche Armenpflege als Existenzminimum gewährt (Mot. z. BGB. IV S. 896). Der Stand des Unterhaltspflichtigen wird bei Bemessung seines notdürftigen Unterhalts nur in seiner, durch die Lebensgewohnheit erzeugten Wirkung auf körperliche und geistige Beschaffenheit der Persönlichkeit in Betracht kommen, insofern diese Beschaffenheit für den notdürftigen Unterhalt mehr benötigt, als bei einer Persönlichkeit der Fall ist, welche unter dem Einflusse einer anderen Lebensgewohnheit gestanden hat (Gruchot Bd. 34 S. 1176). Einen Anspruch auf Fortführung seiner bisherigen Lebensweise hat der Schuldner natürlich nicht (Beschl. LG. I Berl. 25 T. 652 (01), wenn auch nach Lage der Sache notwendige außerordentliche Bedürfnisse, z. B. infolge von Krankheit, billige Rücksichtnahme erheischen (Keidel S. 230). — In Berlin wird der notdürftige Unterhalt eines unverheirateten Arbeiters auf M. 45, eines verheirateten auf M. 60, eines verheirateten Postschaffners auf M. 90 monatlich vom Gerichte bemessen.

Bei Feststellung des für den Schuldner und seine Familie notwendigen Unterhalts bildet der die einzige Erwerbsquelle bildende Arbeitsverdienst des Schuldners die alleinige Grundlage, es müßten denn Frau oder Kinder dauernd zu den Lasten des ehelichen Aufwandes beisteuern, also regelmäßigen und sicheren Verdienst haben (LG. I Berlin 25 T. 10 (02).

2. Das Recht unterhaltsberechtigter Verwandter an dem vom unehelichen Kinde gepfändeten Arbeitsverdienste des Unterhaltspflichtigen

aa) wenn beiderseits Ansprüche „für den nämlichen Zeitraum“ erhoben werden.

Entgegen dem Entwurfe der Novelle vom 29. März 1897, welcher die gesetzlichen Unterhaltsansprüche der Verwandten unbedingt gegenüber den Rechten der unehelichen Kinder schützte, hat der Reichstag durch einen

Zusatz zu § 4a des LBG. und § 850 Abs. 4 ZPO., den letzten Satz des Paragraphen bezw. Absatzes (**Hierbei werden** . . .) den Vorrang der Verwandten vor den unehelichen Kindern bezüglich Befriedigung aus dem gepfändeten Lohne des Unterhaltspflichtigen, den er grundsätzlich aufrecht erhält, in einigen Beziehungen im Interesse der Billigkeit eingeschränkt.

„Wenn“ — so führte Abgeordneter Bassermann zur Begründung aus — (Reichstagsverh. v. 23. Februar 1897, S. 4891 der Drucks.) „die Regierungsvorlage zum Gesetz erhoben wird, dann kann der Fall eintreten, daß, nachdem die Beschlagnahme des Lohnes für den Alimentationsanspruch eines unehelichen Kindes stattgefunden hat, andere eheliche Verwandte kommen und erklären, daß bei ihnen Alimentationsbeiträge rückständig sind und sie können diese geltend machen, soweit eine Verjährung nicht vorhanden ist, das wäre also nach dem BGB. § 197 bis zu einem Zeitraum von vier Jahren. Das sind meines Erachtens doch zu weit gehende Vorrechte, die hier den ehelichen Verwandten und der Ehefrau eingeräumt sind“ . . . . „Es soll die Sache so geregelt werden: wenn eine Konkurrenz zwischen den Ansprüchen der ehelichen Kinder und anderer ehelicher Verwandten oder der Ehefrau für den nämlichen Zeitpunkt in Frage kommt, dann sollen diese ehelichen Verwandten und die Ehefrau das Vorrecht haben; ihre Ansprüche sollen dem Alimentationsanspruch der unehelichen Kinder vorgehen. Dasselbe gilt, wenn das eheliche Kind, der eheliche Verwandte, Klage erhoben hat (sc. vor dem unehelichen Kinde). Für diesen Fall sollen seine Alimente bevorrechtigt sein für den Zeitpunkt von der Erhebung der Klage an und ein Vierteljahr, welches der Klage vorausgeht.“

Nach dem Zusatze sollen also die im übrigen anerkannten Vorrechte der Verwandten nur im Falle der Geltendmachung rückständiger Unterhaltsbeiträge eine Einschränkung erleiden (Keidel S. 231). Aber die Fassung des Zusatzes gibt zu Meinungsverschiedenheiten bezüglich der Auslegung im einzelnen Anlaß. Sie läßt nicht mit Deutlichkeit erkennen, welche Leistungen an die Verwandten bevorrechtigt werden sollen. Es sind dies diejenigen, welche für „den nämlichen Zeitraum" oder im Falle der Klageerhebung des Verwandten vor dem unehelichen Kinde „für die Zeit von dem Beginne des der Klage dieses Berechtigten vorausgehenden letzten Vierteljahrs ab" zu entrichten sind. — Unter dem nämlichen ist der gleiche Zeitraum zu verstehen. Dies erweisen die nachfolgenden, offenbar einen Gegensatz zu diesem ausdrückenden Worte des Zusatzes (oder . . . die Zeit vom Beginne des . . . vorausgehenden Vierteljahres ab). Denn sie verlangen — unter gewissen Voraussetzungen — die Berücksichtigung der für einen anderen, früheren Zeitraum zu entrichtenden Unterhaltsbeiträge.

Es fragt sich nun weiter, mit welchem anderen Zeitraume der „nämliche" verglichen werden soll. Gaupp u. Stein (§ 850 S. 625) wollen ihn auf die im Eingange des Paragraphen bestimmte Zeit „nach Erhebung der Klage des unehelichen Kindes und das diesem Zeitpunkte vorangehende Vierteljahr" beziehen. Wenn aber auf diese Weise die Unterhaltsforderungen der Verwandten für den gleichen Zeitraum privilegiert sein sollen, für welchen dem unehelichen Kinde das Privileg zusteht, so würde letzteres auch mit seinem Anspruche den dreimonatigen Rückständen der Verwandten nachstehen und dies sollte doch gerade nach der Begründung des Abgeordneten Bassermann vermieden werden. Auch erscheint es gezwungen, das „nämliche" auf die weit vorherstehende Zeitangabe zu beziehen. — Der in Vergleich gezogene Zeitraum kann an sich auch derjenige sein, für welchen dem einen und anderen Unterhaltspflichtigen Beiträge geschuldet werden. Auch diese Annahme würde zu einer Bevorrechtigung der Ansprüche der Verwandten in jedem Falle führen; sie ist aber im Ergebnisse nur richtig, soweit es sich um Unterhaltsbeiträge für die Gegenwart handelt, nicht aber, wenn für die gleiche vergangene Zeit Beträge geschuldet werden: denn die den Verwandten geschuldeten rückständigen Leistungen sollen in gar keinem Falle ohne Klage den durch Pfändung gesicherten, gleichviel welcher Zeit angehörigen Ansprüchen des unehelichen Kindes vorgehen (s. Begründung). — Für die Frage der Berücksichtigung von Unterhaltsforderungen der Verwandten gegenüber den Pfändungsansprüchen des unehelichen Kindes für den „nämlichen Zeitraum" ist diejenige Zeit maßgebend, für welche dem Schuldner durch die Pfändung des unehelichen Kindes der Lohn zur Unterhaltung der Verwandten entzogen wird. Da aber stets nur der gegenwärtige Lohn entzogen wird, so sind gegenüber den Pfändungsansprüchen des unehelichen Kindes nur für die Gegenwart fällige Unterhaltsbeiträge der Verwandten bevorrechtigt (s. S. 95).

bb) Wenn die Verwandten aber nicht für den nämlichen Zeitraum Unterhaltsforderungen geltend machen, für welchen die Gehaltspfändung des unehelichen Kindes dem Unterhaltspflichtigen den Arbeitsverdienst entzieht, so fällt die Entscheidung wegen des Vorranges der einen oder der anderen verschieden aus, je nachdem die Verwandten überhaupt Klage erhoben haben oder nicht, und je nachdem die Verwandten ihre Klage vor oder nach derjenigen des unehelichen Kindes angestrengt haben.

α) Am häufigsten klagt der Verwandte nicht. Dann ist er nach diesseitiger Auslegung der Gesetzesbestimmung wegen der ihm zu entrichtenden Unterhaltsrückstände nicht bevorrechtigt; die durch Lohnpfändung gesicherten Unterhaltsansprüche des unehelichen Kindes gehen immer vor, mögen sie augenblicklich fällig oder rückständig sein. Denn die Unterhaltsbeiträge an den Verwandten sind nicht mehr für den „nämlichen" Zeitraum zu entrichten, für welchen der Gehalt gezahlt wird und gepfändet ist, sondern nur von dieser Gehaltsrate für eine frühere Zeit (Keidel S. 232f., aM. Gaupp 850 IV b S. 625).

β) Der Verwandte hat vor dem unehelichen Kinde eine Klage wegen der Unterhaltsbeiträge erhoben oder der Klageerhebung gleichstehende gerichtliche Schritte getan (s. S. 75).

In diesem Falle gebührt ihm für alle Unterhaltsansprüche vom Beginn des seiner Klage vorangehenden Vierteljahres ab der Vorrang vor denen des unehelichen Kindes, also nicht nur für alle derselben Zeit angehörenden, gegenwärtig fälligen und zukünftigen, sondern auch für seine älteren Forderungen gegenüber den jüngeren Ansprüchen des unehelichen Kindes. Allerdings ist ihm für die seit länger als ein Vierteljahr vor Klageerhebung rückständigen, richterlich zugesprochenen Unterhaltsbeiträge nach dem Gesetz kein Vorrecht eingeräumt. In bezug auf diese letzteren geht nach § 804 Abs. 3 ZPO. das durch frühere Pfändung des unehelichen Kindes begründete Pfandrecht dem durch spätere Pfändung begründeten Rechte der Verwandten vor.

Das gleiche muß gelten, wenn richterlich zugesprochene rückständige Unterhaltsbeiträge auf beiden Seiten sich gegenüber stehen.

Zweifelhaft könnte allerdings sein, ob der Vorrang der erstrittenen Unterhaltsforderungen den Verwandten auch dann zuzuerkennen ist, wenn sie zwar vor dem unehelichen Kinde Klage erhoben haben, des letzteren Klage aber eher zum Urteil und zur Zwangsvollstreckung geführt hat. Indessen dürfte nach dem Wortlaute und dem Sinn der Vorschrift stets zugunsten der Verwandten zu entscheiden sein, wenn sie tatsächlich zuerst Klage erhoben haben. Insoweit wird also der Grundsatz des § 804 Abs. 3 ZPO. durchbrochen.

γ) Hat der Verwandte zu gleicher oder späterer Zeit als das uneheliche Kind geklagt, so genießt er nicht bezüglich aller seiner Forderungen dasselbe Vorrecht, wie zu β). Nur seine Ansprüche für den „nämlichen Zeitraum" gehen vor; bezüglich aller anderen Ansprüche entscheidet die frühere Pfändung auch über den Vorrang. In diesem Falle den Unterhaltsansprüchen des unehelichen Kindes aus früherer Zeit unbedingt das Vorrecht einzuräumen, wie Keidel S. 233 es tut, erscheint nicht gerechtfertigt.

3. Das Rangverhältnis der Unterhaltsansprüche der Verwandten und des Anspruchs des unehelichen Kindes aus der Pfändung ist demnach folgendes:

A. Unterhaltsforderungen der Verwandten für die Gegenwart gehen, gleichviel ob und wann sie eingeklagt sind, dem Pfändungsanspruche des unehelichen Kindes vor.

B. Nicht eingeklagte rückständige Unterhaltsforderungen der Verwandten treten hinter den durch Pfändung gesicherten — selbst rückständigen — Ansprüchen des unehelichen Kindes zurück.

C. Rückständige, vor dem Anspruche des unehelichen Kindes eingeklagte Unterhaltsforderungen der Verwandten gehen für die Zeit vom Beginne des der Klage vorausgehenden Vierteljahres ab allen, welcher Zeit auch immer angehörigen Ansprüchen des unehelichen Kindes vor. Dabei stehen mehrere unterhaltsberechtigte Verwandte, z. B. Ehefrau und Kinder oder Eltern und geschiedene Ehefrau sämtlich für die Frage der Bevorrechtigung ihrer Forderungen als Einheit dem unehelichen Kinde gegenüber.

5. Wegen der **Verwirklichung des Vorrechts** im allgemeinen ist auf das zu § 4 Nr. 3 (S. 75 fg.) Angeführte zu verweisen.

V. Auf das Verhältnis der bevorrechtigten zu nicht bevorrechtigten Gläubigern findet das

S. 76 IV Gesagte mit der Maßgabe Anwendung, daß unter den ersteren auch die unehelichen Kinder verstanden werden.

VI. Für das im Falle der Konkurrenz mehrerer Berechtigter zu beobachtende Verfahren gilt das S. 76 V Gesagte.

§ 5.

Dieses Gesetz tritt am 1. August 1869 in Kraft.

Die bis dahin verfügten, mit den Vorschriften dieses Gesetzes nicht vereinbaren Beschlagnahmen sind auf Antrag des Schuldners aufzuheben oder einzuschränken.

Dagegen finden die Bestimmungen des zweiten Absatzes des § 2 auf frühere Fälle keine Anwendung.

Die Bestimmungen dieses Paragraphen sind heute gegenstandslos, da sie sich nur auf die bis zum 1. August 1869 verfügten Beschlagnahmen und die bis zu diesem Zeitpunkte vorgenommenen Verfügungen des Schuldners beziehen.

Der Erörterung bedarf nur die Frage nach der Zulässigkeit der Lohnbeschlagnahme wegen der zugunsten der unehelichen Kinder zu entrichtenden, für die Zeit vor dem 29. März 1897 rückständigen Unterhaltsbeiträge, oder mit anderen Worten, die Frage nach der rückwirkenden Kraft des § 4a unseres Gesetzes (unabhängig von einer ev. eingetretenen Verjährung der Beiträge; § 197 BGB.).

Für die Entscheidung der in Rede stehenden Frage ist ein Kammerger.-Beschl. v. 15. Februar d. J. (vgl. Bl. f. Rpfl. 00 Nr. 3) von Bedeutung. Das Gericht führt unter Berufung auf Wach, Handbuch des Zivilprozeßrechts, aus: Das Gesetz beherrsche die in seine Zeit fallenden Prozeßvorgänge, gleichviel, ob das materielle, den Streitgegenstand bildende Rechtsverhältnis dieser oder einer früheren Zeit angehört. Insbesondere müsse sich jeder eine Erweiterung der Vollstreckungsmöglichkeit gefallen lassen; auch das Reichsgericht steht bezüglich der Anwendbarkeit neuer Prozeßgesetze auf diesem Standpunkt (vgl. J.W. 1900 S. 146). Dieser ist auch zweifellos richtig, soweit es sich um eine Prozeßvorschrift handelt.

In dem § 4a d. LBG. ist aber unseres Erachtens eine Prozeßvorschrift nicht zu erblicken; nicht jede, in einem Prozeßgesetze befindliche Bestimmung ist deswegen eine prozeßrechtliche. Die in Rede stehende dürfte es aus dem Grunde nicht sein, weil sie nicht die Art, wie zu vollstrecken, festsetzt, sondern das Recht der Zwangsvollstreckung in Dienstlohnforderungen wegen der Unterhaltsbeiträge in seinen Voraussetzungen und seinem Umfange materiell regelt (vgl. Erläut. zu § 4a S. 86 fg.).

Je nachdem der Charakter des § 4a uns. Ges. als Prozeßvorschrift bejaht oder verneint wird, wird seine rückwirkende Kraft anerkannt oder bestritten werden müssen.

Die rückwirkende Kraft des § 850 Abs. 4 ZPO., der die Pfändung des Gehalts und Diensteinkommens wegen der Unterhaltsbeiträge des Ehegatten, der Verwandten und Unehelichen zuläßt, hat das Kammergericht jüngst anerkannt (OLG. IX S. 128) und damit diese Vorschrift in das Bereich der Prozeßgesetze verwiesen, wiewohl auch sie materiell den Umfang der Zwangsvollstreckung im gegebenen Falle bestimmt.

Anhang I.

Die Verfahren der Beschlagnahme von Lohn-, Gehalts- und Dienstbezügen.

I. Der Pfändungsantrag,

welcher gemäß § 828 ZPO. zu stellen ist, hat

1. die Fälligkeit der zur Vollstreckung stehenden Forderung zur Voraussetzung. Auf Grund eines Urteils, welches die Verpflichtung zur Entrichtung wiederkehrender, künftiger Leistungen ausspricht (§ 258 ZPO.), kann die Zwangsvollstreckung erst beginnen, nachdem Schuldner am Fälligkeitstage nicht freiwillig gezahlt hat. Es darf daher z. B. wegen der für das letzte Kalenderquartal im voraus zu entrichtenden Unterhaltsbeiträge nicht schon am 1., sondern erst am 2. X. das demnächst fällig werdende Gehalt beschlagnahmt werden (Ztsch. d. Anwaltsk. Breslau VIII. S. 5).

2. die zu pfändende Forderung möglichst genau zu bezeichnen. Es genügt zur Individualisierung derselben die Angabe des Rechtsgrundes und Gegenstandes, selbst wenn ihre Höhe nicht feststeht (ROHG. 9 S. 167); Hinzufügung unrichtiger Einzelheiten (z. B. daß die Forderung aus einem Urteile statt aus gerichtlichem Vergleiche gepfändet werde) ist unerheblich, wenn objektiv Zweifel betreffs der gemeinten Forderung ausgeschlossen sind (OLG. 6 S. 417). Auch die Person des Drittschuldners muß genau bestimmt sein; die namentliche

Bezeichnung desselben ist allerdings nicht unbedingt zu verlangen (RG. 42 S. 330, OLG. VII S. 314), es genügt z. B. „Testamentsvollstrecker des Kaufmann X'schen Nachlasses." — Unter zu pfändendem „Gehalte" sind nicht daneben gewährte „Bezüge" (Provision usw.) zu verstehen. — Die Zeit, für welche die Pfändung verlangt wird, ist zur Vermeidung von Irrtümern genau anzugeben: ein „Anspruch, welcher dem Schuldner auf Provision für vermittelte Verkäufe in Höhe von mindestens 500 M. zusteht", betrifft nur eine Forderung für die Vergangenheit; seine Pfändung erfaßt daher nicht die zukünftig fällig werdenden Beträge trotz § 832 ZPO. (anders, wenn „von mindestens 500 M." fortgelassen und „des für das Jahr 1500 M. übersteigenden Betrages" hinzugefügt wird).

3. den Bestand der zu pfändenden Forderung und jene Umstände zu behaupten, welche ihre Pfändbarkeit dartun. Dazu gehört bei Beschlagnahme „zugunsten unehelicher Kinder" die Behauptung, daß Schuldner zur Bestreitung seines notdürftigen Unterhalts und zur Erfüllung sonstiger gesetzlicher Unterhaltspflicht der Bezüge nicht bedarf.

4. die Art und Weise der gewünschten Pfändung anzugeben (s. S. 79). Gläubiger hat es in der Hand, auch bei schwankenden Einnahmen des Schuldners den Jahresüberschuß oder monatliche Überschüsse zu pfänden; bei der ersten Art der Pfändung hat er aber kein Recht auf die Überschüsse am Ende des Monats (PrVerwaltBl. 04 S. 564).

5. die Grenzen des zur Befriedigung des Gläubigers Notwendigen gemäß § 803 ZPO. nicht zu überschreiten. Der Antragsteller darf daher nicht gleichzeitig die Beschlagnahme mehrerer einmaliger Vergütungsansprüche des Schuldners verlangen, wenn deren einer allein den Schuldbetrag zahlenmäßig übersteigt, es müßte denn sein, daß er dessen teilweise Uneinbringlichkeit (oder anderweite

Inanspruchnahme) glaubhaft macht (LG. I Berl. T. 26/04); anders, wenn er ziffermäßig die Höhe der Forderungen nicht angeben kann (LG. I. Berl. T. 434/04).

Sollen mehrere fortlaufende Forderungen des Schuldners nebeneinander beschlagnahmt werden, so muß die eigene Forderung des Gläubigers geteilt und wegen der so entstandenen Teilbeträge gepfändet werden (LG. I. Berl. T. 560/04). Bei Pfändung eines Anspruchs auf Naturalien wird deren Wert (s. S. 54) mit anzugeben sein.

II. Der Pfändungsbeschluß.

A. Erlaß.

Der Vollstreckungsrichter hat bei seinem Erlasse, außer den allgemeinen Voraussetzungen für den Beginn der Zwangsvollstreckung, von Amts wegen zu berücksichtigen

1. die Pfändbarkeit der zu beschlagnahmenden Forderung an sich und zu diesem Zwecke

a) das Verhältnis des Schuldners zum Drittschuldner (Dienst- oder Beamtenverhältnis oder keines von beiden; Haupt- oder Nebenbeschäftigung bei Anwendung des LBG.). Bei einer Lohnforderung von 6 M. monatlich liegt eine vollständige oder überwiegende Inanspruchnahme der Erwerbstätigkeit keinesfalls vor (LG. I Berl. T. 125/04);

b) die Höhe der Vergütung des Schuldners und

c) die Zeit, für welche die zu pfändende Forderung angeblich zusteht. Die Beschlagnahme wegen laufender und zukünftiger Ansprüche ist — abgesehen von Ausnahmefällen — auf den 1500 M. jährlich übersteigenden Betrag einzuschränken; dagegen findet wegen rückständiger Ansprüche die Pfändung unbeschränkt statt (also stets wegen der Lohnforderung des schuldnerischen Erblassers [LG. I Berl. T. 59/04]).

2. die zeitlichen und sachlichen Pfändungsbeschränkungen im einzelnen Falle. Unterhaltsansprüche dritter Personen (Verwandte des Schuldners usw.) können natürlich nur dann berücksichtigt werden, wenn sie aus dem Pfändungsgesuche ersichtlich oder sonst dem Richter bekannt sind. Bei Streitigkeiten über Pfändungsbeschränkungen, welche der Vollstreckungsrichter infolge der widersprechenden Parteiangaben nicht entscheiden kann, hat er die Parteien an das Prozeßgericht zu verweisen (Lisiecki u. Drewes S. 111). In diesem Rechtsstreite hat nach allgemeinen Rechtsgrundsätzen diejenige Partei den Beweis zu führen, welche einen Anspruch für sich herleitet (J.W. 88 S. 196 Nr. 3).

3. den Umfang der beantragten Pfändung (s. S. 99).

4. die Art und Weise derselben. Bei der Zulassung der Lohnbeschlagnahme für kurze, den Lohnperioden entsprechende Zeitteile ist der für die Zeiteinheit eines Jahres pfandfreie Betrag von 1500 M. (s. S. 79) in rechnerisch gleichem Verhältnisse zu den gewählten Zeiten zu verteilen; es kann also z. B. der über 125 M. monatlich betragende Lohn gepfändet werden. Eine solche vom Gerichte getroffene Anordnung wird der gesetzlichen Bestimmung und den Interessen aller Beteiligten auch dann gerecht, wenn tatsächlich nicht das ganze Jahr hindurch Dienste geleistet werden (z. B. bei Saisonverträgen der Schauspieler, welche dem Direktor das Recht erteilen, innerhalb der Sommermonate nicht spielen zu lassen und auch keine Vergütung für diese Zeit zu zahlen [Ztsch. d. Anwaltsk. Breslau 02 S. 12]), oder wenn die Vergütung sich in einzelnen Zeitteilen nicht gleich bleibt, sondern schwankt. Hierbei schlechthin den gesetzlichen Zeitraum eines Jahres und das gesetzliche Mindesteinkommen zugrunde zu legen, wie es in Fällen der letzteren Art das AG. und LG. Berlin ständig tut (s. PrVerwBl. 04 S. 564), heißt die praktische Durchführbarkeit der Zwangsmaßregel durch theoretische Bedenken in Frage stellen. Denn es ist auch hier möglich, zwischen den einzelnen Interessen einen Ausgleich mit Hilfe des § 766 ZPO. herbeizuführen (vgl. m. Auff. Bl. f. Rpfl. 02 S. 93). — Zugunsten unehelicher Kinder wird nur die wöchentlich (oder monatlich) einen bestimmten Betrag übersteigende Lohnforderung des unehelichen Vaters beschlagnahmt werden können, da bei dieser Pfändung stets, auch bei schwankenden Bezügen, der notdürftige Unterhalt des Schuldners berücksichtigt werden muß, im Gegensatze zu Pfändungen unterhaltsberechtigter Verwandter, da bei Abmessung ihrer Unterhaltsbeiträge im Urteile schon die Vermögens- und Erwerbsverhältnisse des Unterhaltspflichtigen gewürdigt sind. Hier kann demnach stets ein bestimmter Betrag des Verdienstes beschlagnahmt werden (vgl. m. Auff. i. Ztg. d. Anwaltsk. Naumburg v. Juni 02).

B. Die Zustellung erfolgt durch den Gläubiger (auch Ersatzzustellung ist hierbei zulässig), im Auslande gemäß §§ 199, 201, 202 ZPO. mittels Ersuchens des Vollstreckungsgerichts, bezw. bei Zustellung an einen Exterritorialen gemäß § 200 eod. l. mittels Ersuchens des Reichskanzlers. Ausnahmen s. Gaupp u. Stein § 829 III 1. Eine öffentliche Zustellung an den Drittschuldner findet nicht statt (s. ebenda). Wegen Zustellung an die den Fiskus als Drittschuldner vertretende Behörde s. Anhang II.

III. Die Anfechtung des Pfändungsbeschlusses.

1. Der Pfändungsbeschluß kann mit der Behauptung angefochten werden, daß der Lohn überhaupt oder wegen der besonderen Umstände des Einzelfalles nicht pfändbar, insbesondere dem Schuldner infolge der Pfändung der zum Leben notdürftige Unterhalt entzogen sei, oder ihm nicht so viel verbleibe, um seiner gegen die Familie obliegenden Unterhaltspflicht zu genügen, oder aber weiter mit der Behauptung, daß der pfändende Verwandte, Ehegatte oder frühere Ehegatte gar nicht mehr oder aber nicht mehr gegen ihn, den Schuldner, oder nicht in diesem Umfange bzw. dieser Höhe Unterhaltsansprüche erheben könne.

2. Einwendungen der ersteren Art sind gemäß § 766

ZPO. unter Ausschluß der Klage nur durch Einwendung gegen die Art und Weise der Zwangsvollstreckung bei dem Vollstreckungsgerichte geltend zu machen (RG. Bd. 34 S. 379 fg.) und erst die auf diese „Vorstellung" erfolgende Entscheidung ist nach § 793 ZPO. mit der sofortigen Beschwerde bei dem im Instanzenzuge übergeordneten Gerichte anzufechten (RG. 16 S. 322). — Einwendungen letzterer Art können nur im Wege der Klage bei dem Prozeßgerichte erster Instanz in dem durch Abs. 2 des § 767 ZPO. vorgezeichneten Umfange erhoben werden.

3. Antrags- und einwandsberechtigt ist:

a) im Falle des § 766 a. a. O. in erster Reihe der Schuldner selbst, gleichviel ob er aus seiner oder der unterhaltspflichtigen Person oder aus der Sache selbst Rechte geltend macht. Weiter ist es aber auch ein Dritter durch die den gesetzlichen Bestimmungen widersprechende Art des Vollstreckungsaktes Verletzter, der ein nicht nur tatsächliches, sondern auch rechtliches Interesse an Aufhebung der einen direkten Eingriff in seine Rechtssphäre enthaltenden Pfändung hat (RG. 50 S. 60 fg.), also der Unterhaltsberechtigte konkurrierenden bevorrechtigten oder nicht bevorrechtigten Gläubigern gegenüber (s. S. 77) auch der Drittschuldner (als Arbeitgeber oder Dienstherr), wenn er aus eigenem Rechte und nicht als Geschäftsführer ohne Auftrag für den Schuldner handelt. Unbenommen ist es ihm daher, die Unpfändbarkeit der beschlagnahmten Forderung oder sonstige Unzulässigkeit der Pfändung auf sein persönliches Recht zu stützen, also z. B. Einwendungen, welche aus der Zeit vor der Pfändung ihm gegen den Schuldner zustanden, dem Pfändungsbeschlusse gegenüber geltend zu machen (Gaupp zu § 766 I Nr. 3; J.W. 83 S. 119; 89 S. 219).

Auch die auf Unzuständigkeit des Vollstreckungsgerichts gegründete Wirkungslosigkeit der Vollstreckungsmaßregel darf der Drittschuldner nach Ansicht des Reichsgerichts dem Pfändungsbeschlusse entgegensetzen (J.W. 83 S. 40). — Dagegen ist er nicht mit dem Einwande zu hören, daß die Pfändung oder Überweisung zu Unrecht erfolgt sei, weil die Forderung an sich unpfändbar oder der Vollstreckungstitel seine Wirksamkeit verloren habe (RG. 38 S. 400).

Bezüglich der Einwendungen, deren Geltendmachung ihm gestattet ist, darf der Drittschuldner selbständig ebenfalls nur im Wege der Beschwerde gemäß § 766 ZPO. vorgehen (auch gemäß § 771 a. a. O. mit Widerspruchsklage unter der Behauptung, daß die gepfändete Forderung dem Schuldner nur formell, ihm selbst aber wirtschaftlich zustehe [RG. 49 S. 347, OLG. VI S. 415]), unbeschadet seines Rechts, dies als Einrede gegenüber der auf Zahlung gerichteten Klage des Gläubigers zu tun (ebenso Gaupp a. a. O.; das Reichsgericht Bd. 38 S. 400 steht nicht auf anderem Standpunkte, wie Gaupp u. Stein a. a. O. annehmen).

b) Einwendungen, welche den durch Urteil festgestellten Anspruch selbst betreffen (s. S. 102 fg.), kann nur der Schuldner für sich gemäß § 767 a. a. O. geltend machen oder sein Rechtsnachfolger, als solcher auch der Konkursverwalter (RG. 42 S. 343 fg.).

Anhang II.

Zusammenstellung der Behörden, welchen bei Pfändung der Dienstbezüge (s. S. 106 fg.), Pension, Dispositionsgehalt, laufender Unterstützung und Amtskaution (s. S. 151) der in § 850 Abs. 1 Nr. 8 ZPO. genannten Personen als Drittschuldnern der Pfändungsbeschluß zuzustellen ist.

Das Pfandrecht an der Lohn- und Gehaltsforderung entsteht nach § 829 ZPO. mit der durch den Gläubiger zu bewirkenden Zustellung des Pfändungsbeschlusses an den Drittschuldner, unabhängig davon, wann der Beschluß dem Schuldner zugeht. Ist eine Behörde die Drittschuldnerin, so ist er deren Vorsteher zuzustellen (§ 171 ZPO).

Die richtige Bezeichnung des Drittschuldners ist von großer Wichtigkeit; ist diese Bezeichnung unrichtig, so ist die Pfändung unwirksam, auch wenn der richtige Drittschuldner davon Kenntnis erhalten hat (vgl. Struckmann u. Koch Anm. 4 zu § 829 S. 935). Darum sind die Behörden bzw. deren Vorsteher, denen im einzelnen Falle der Pfändungsbeschluß zuzustellen ist, vorsichtig zu ermitteln.

Zur Vertretung des Reichs- oder Staatsfiskus als Drittschuldners bei Pfändung der Dienstbezüge von Offizieren und Beamten (im weitesten Sinne) ist grundsätzlich und ausschließlich diejenige Behörde berufen, welche die Bezüge zur Auszahlung anzuweisen hat, nicht die den Schuldner anstellende oder die mit Beschlag belegten Bezüge auszahlende Behörde; insoweit übt die Zustellung an die Kasse allerdings sogleich eine Wirkung aus, als dieselbe die Zahlung zunächst einzustellen und der zuständigen, die Gehaltszahlung anweisenden Dienststelle von dem Pfändungsbeschlusse Anzeige zu erstatten und deren Entscheidung abzuwarten hat, wenigstens gilt dies für das bei Pfändung des Diensteink. der Justizbeamten zu beobachtende Verfahren (Allgem. Verf. v. 29. Juni 1886 [JMBl. S. 192]); ob dieses analog von sämtlichen Behörden geübt wird, erscheint zweifelhaft. (Vergl. Zirkularverf. d. Finanzmin. v. 18. Juni 1883, Zentralbl. f. Abgabengstzgbg. 1883 S. 98).

Der Nachweis der zum Erlasse der Zahlungsanweisung für sämtliche Bezüge der Beamten zuständigen Behörden soll hier folgen, soweit zuverlässige Angaben hierüber gemacht werden können.

AA. Die für die Anweisung des Diensteinkommens in Betracht kommenden Behörden sind:

I. Reichsbehörden.

A. Auswärtiges Amt:

Der Pfändungsbeschluß ist zuzustellen:

bei Pfändung des Diensteinkommens eines Beamten	wem?
1. des Auswärtigen Amtes (der Kolonialabteilung, des Oberkommandos d. Schutztruppen, der entscheidenden Disziplinarbehörden für die Schutzgebiete	dem Auswärtigen Amte.
2. der Kaiserl. Gesandtschaften	do.
3. der Konsulate	do.
4. der Schutzgebiete:	
a) in Afrika und der Südsee,	dem Reichskanzler.
b) in Kiautschou	dem Kaiserlichen Gouverneur daselbst.
(auch bei Pfändung der Dienstbezüge von Angehörigen der Schutztruppen)	
5. der archäologischen Anstalten	der Zentraldirektion derselben.

B. Militärverwaltung:

I. preußische, wozu auch die **badische** nach der Militärkonvention vom 25. November 1870 zu rechnen ist. Vergl. Allgem. Verf. d. Justizm. v. 23. April 1898 (JMBl.

S. 92). Die Zusätze des Verfassers befinden sich in Klammern im Texte.

Lfde. Nr.	Der Pfändungsbeschluß ist zuzustellen:	
A. Betreffs der aktiven Offiziere und Beamten:		
I.	Den Regimentskommandeuren, den Kommandeuren der selbständigen (nicht regimentierten) Bataillone, der Unteroffizierschulen und der Unteroffiziervorschulen, dem Chef des Militärreitinstituts, den Kommandeuren der Feldartillerie- und der Fußartillerieschießschule, dem Kommandeur der Luftschifferabteilung, dem Chef der Versuchskompagnie der Artillerieprüfungskommission sowie den Kommandeuren der Landwehrbezirke und den Vorständen der Bekleidungsämter.	Bei Pfändung des Diensteinkommens der ihnen unterstellten, Gehalt empfangenden*) Offiziere und Beamten einschließlich der aggregierten Offiziere, jedoch mit Ausnahme der Offiziere bei den Pionierbataillonen à la suite der Truppenteile stehenden Offiziere.
II.	Der Militärintendantur des betreffenden	Bei Pfändung des Diensteinkommens:

*) Anmerkung: Soweit die Nachweisung keine besonderen Bestimmungen enthält, sind unter der Bezeichnung „Offiziere“ auch die Sanitätsoffiziere (Militärärzte) einbegriffen.

Lfde. Nr.	Der Pfändungsbeschluß ist zuzustellen:		
	Armeekorps (Korpsintendantur).	1.	der Regimentskommandeure, der Kommandeure der selbständigen (nicht regimentierten) Bataillone — ausschließlich der Pionierbataillone —, der Unteroffizierschulen, der Unteroffiziervorschulen, der Feldartillerie- und der Fußartillerieschießschule sowie der Luftschifferabteilung, des Chefs der Versuchskompagnie der Artillerieprüfungskommission sowie der Kommandeure der Landwehrbezirke I, II, III und IV Berlin;
		2.	der Auditeure und der Militärgerichtsaktuarien mit Ausnahme des Gouvernements- und des Garnisonauditeurs sowie des Militärgerichtsaktuars in Berlin; [der Beamten der Oberkriegs- und Kommandanturgerichte (für die Beamten des Gerichts der Landwehrinspektion ist der Intendantur des III. Armeekorps zuzustellen)].

Lfde. Nr.	Der Pfändungsbeschluß ist zuzustellen:		
		3.	der Korpsgeneralärzte, der Oberärzte und der Assistenzärzte bei den Sanitätsämtern, der Generaloberärzte, der Garnisonärzte mit Ausnahme der in Berlin und Potsdam, der Chefärzte des 1. und 2. Garnisonlazaretts in Berlin sowie der Korpsstabsapotheker und der Garnisonapotheker;
		4.	der Militäroberpfarrer, der Divisions- und der Garnisonpfarrer, der Divisions- und der Garnisonküster mit Ausnahme der Garnisonpfarrer und der Garnisonküster in Berlin;
		5.	der Korpsroßärzte bei den Generalkommandos;
		6.	der Platzmajore mit Ausnahme der in Berlin und Potsdam;
		7.	der Militärintendanturbeamten bei den Korps- und Divisionsintendanturen sowie bei der Intendantur der Eisenbahntruppen mit Aus-

Lfde. Nr.	Der Pfändungsbeschluß ist zuzustellen:		
			nahme der Militärintendanten;
		8.	der Beamten der Proviantämter und der Armeekonservenfabriken;
		9.	der Beamten der Garnisonverwaltungen;
		10.	der Beamten des Garnisonbauwesens m. Ausnahme der der Intendantur der militärischen Institute unterstellten (s. lfd. Nr. III b);
		11.	der Beamten der Garnisonlazarette und der Militärkuranstalten;
		12.	der Beamten d. Zahlungsstelle des XIV. Armeekorps;
		13.	des Lehrers bei der Garnison-(Leopold-)schule in Frankfurt a. O.
[IIa.	Der Militärintendantur d. betr. Division.		der Beamten d. Kriegsgerichte;]
III.	Der Intendantur der militärischen Institute in Berlin.		Bei Pfändung des Diensteinkommens:
		1.	des Gouvernements- und des Garnisonauditeurs [der Beamten des Gouvernements- und Kommandanturgerichts Berlin] sowie des Mili-

Lfde. Nr.	Der Pfändungsbeschluß ist zuzustellen:		
			tärgerichtsaktuars und des Gerichtsboten beim Gouvernementsgericht in Berlin;
		2.	der Garnisonärzte in Berlin und Potsdam;
		3.	der Garnisonpfarrer und der Garnisonküster in Berlin;
		4.	der Platzmajore in Berlin und Potsdam;
		5.	der Militärintendanturbeamten bei der Intendantur zu III mit Ausnahme des Oberintendanturrats:
		6.	der der Intendantur zu III unterstellten Beamten des Garnisonbauwesens.
IV.	Dem Feldzeugmeister.		Bei Pfändung des Diensteinkommens:
		1.	der Offiziere und Beamten d. Feldzeugmeisterei mit Ausnahme des Feldzeugmeisters:
		2.	der Offiziere und Beamten der Artilleriedepotinspektion, der Artilleriedepotdirektionen und der Artilleriedepots;

Lfde. Nr.	Der Pfändungsbeschluß ist zuzustellen:		
		3.	der Offiziere der Traindepotinspektion, der Traindepotdirektionen und der Traindepots
		4.	der Offiziere und Beamten der Inspektion der technischen Institute der Infanterie, der Gewehrfabriken und der Munitionsfabrik;
		5.	der Offiziere und Beamten der Inspektion der technischen Institute der Artillerie, des Artilleriekonstruktionsbureaus, der Artilleriewerkstätten, der Geschützgießerei, der Geschoßfabrik, der Feuerwerkslaboratorien, der Pulverfabriken und d. Militärversuchsamts.
V.	Dem Kriegsministerium.		Bei Pfändung des Diensteinkommens sämtlicher übrigen unter lfd. Nr. I, II, III, und IV nicht einbegriffenen Offiziere und Beamten der Militärverwaltung [insbesondere des Kriegsministerii, des Generalauditoriats, der Kriegsakademie, d. Generalinspek-

Lfde. Nr.	Der Pfändungsbeschluß ist zuzustellen:		
			tion des Militär-Erziehungs- und Bildungswesens, der vereinigten Artillerie- und Ingenieurschule, d. Kadettenkorps, des Invalidenhauses, des Generalstabs der Armee, der Verwaltung des Zeughauses, des Geheimen Kabinetts Sr. Majestät des Kaisers und Königs für die Militärangelegenheiten, der Beamten des Reichsmilitärgerichts].

B. Betreffs der Pensionen rc. beziehenden Offiziere und Beamten:

VI.	1. Derjenigen Behörde, auf deren Anweisung die nebenstehend aufgeführten Personen ihre Pensions- rc. Gebührnisse empfangen.		Bei Pfändung der Pension und des sonstigen aus Reichsmilitärfonds fließenden Einkommens:
	2. Die anweisenden Behörden sind:	1.	der sämtlichen mit Pension zur Disposition gestellten Offiziere und Militärbeamten;
	a) für Preußen die Regierungen,		
	b) für die aus der Militärpensionskasse in Berlin ihre Pensionsgebührnisse emp-	2.	der sämtlichen auf Wartegeld gesetzten Beamten der Militärverwaltung;

Lfde. Nr.	Der Pfändungsbeschluß ist zuzustellen:		
	fangenden Personen das Polizeipräsidium in Berlin, c) für das Großherzogtum Baden die Intendantur XIV. Armeekorps, d) für Elsaß-Lothringen das Ministerium für Elsaß-Lothringen in Straßburg i. E. 3. Gewöhnlich — aber nicht immer — empfangen die Betreffenden ihre Pensionsgebühren auf Anweisung derjenigen Behörde, in deren Bezirk sie wohnen. 4. Außerdem erstreckt sich der Geschäftskreis der Regierung in Kassel auf die im Königreich Bayern, Großherzogt. Hessen, Fürstentum Waldeck und Pyrmont, Liegnitz auf die im Königreich Sachsen, Wiesbaden auf die im Königreich Württemberg,	3.	der sämtlichen mit Pension gänzlich verabschiedeten Offiziere und Beamten der Militärverwaltung.

Lfde. Nr.	Der Pfändungsbeschluß ist zuzustellen:		
	Erfurt auf die im Großherzgt. Sachsen-Weimar, in den Herzogtümern Sachsen-Koburg und Gotha, Sachsen-Altenburg, Sachsen-Meiningen, den Fürstentümern Schwarzburg-Rudolstadt und Sondershausen, Schleswig auf die in den Großherzogtümern Mecklenburg-Schwerin und Strelitz, in den freien Städten Hamburg, Lübeck und Bremen, Aurich auf die im Großherzogtum Oldenburg, Magdeburg auf die in den Herzogtümern Braunschweig und Anhalt, Minden auf die in den Fürstentümern Lippe u. Schaumburg-Lippe Merseburg auf die in den Fürstentümern Reuß wohnenden preuß. Militärpensionäre.		

Lfde. Nr.	Der Pfändungsbeschluß ist zuzustellen:		

C. Betreffs der Hinterbliebenen von Personen des Soldatenstandes und Beamten.

VI.	Dem Kriegsministerium.		Bei Pfändung des aus Militärfonds fließenden Einkommens (Witwengeld, Waisengeld, Unfallrenten, gesetzliche Beihilfen) der Hinterbliebenen von Personen des Soldatenstandes und von Beamten der Militärverwaltung.

Anmerkung. Der Pfändungsbeschluß ist ferner zuzustellen:

a) der Generaldirektion der Königlich Preußischen Militärwitwenpensionsanstalt in Berlin
bei Pfändung der an Hinterbliebene von Personen des Soldatenstandes und von Beamten der Militärverwaltung durch die Militärwitwenkasse in Berlin zahlbaren Pensionen aus
1. der Preußischen Militärwitwenpensionsanstalt,
2. der Kurhessischen Militärwitwen- und Waisenanstalt,
3. der Nassauischen Militärwitwen- u. Waisenkasse;

b) dem Direktorium der Hannoverschen Offizierwitwenkasse in Hannover
bei Pfändung der an Hinterbliebene von Personen des Soldatenstandes und von Beamten der Militärverwaltung zahlbaren Pensionen aus der Hannoverschen Offizierwitwenkasse;

[c) den Regimentskommandeuren
bei Pfändung der den Unteroffizieren gewährten Dienstprämien (s. S. 64)].

II. bayerische. Vgl. Verf. des Justizministers vom 12. September 1898 (JMBl. S. 230).

Der Pfändungsbeschluß ist zuzustellen:			
1 Lfde. Nr.	2 wem?		3 bei Pfändung
			A. des Diensteinkommens
I.	Den Militärintendanturen der betreffenden Armeekorps.	1.	der Beamten der Korpszahlungsstellen,
		2.	der Beamten der Militärintendanturen bei den Korps- und Divisionsintendanturen mit Ausnahme der Militärintendanten,
		3.	[der Beamten der Oberkriegs- und Kommandanturgerichte,] der Auditeure und Kanzleibeamten der Militärbezirks- und Untergerichte,
		4.	der Adjutanten der General- und Divisionskommandos, dann der Brigadekommandos,
		5.	derjenigen Kommandanten, welche nicht Generale sind,
		6.	der Platzmajore und der Adjutanten d. Festungsgouvernements und der Kommandanturen,

Der Pfändungsbeschluß ist zuzustellen:			
1 Lfde. Nr.	2 wem?		3 bei Pfändung
		7.	der Regimentskommandeure,
		8.	der Bataillons- und Abteilungskommandeure, sowie der Detachementführer,
		9.	der sämtlichen nicht regimentierten Militärärzte (mit Ausnahme jener des Kriegsministeriums),
		10.	der Korpsstabsveterinäre,
		11.	der Beamten der Proviantämter,
		12.	der Beamten der Garnisonverwaltungen,
		13.	der Militärbaubeamten (mit Ausnahme jener des Kriegsministeriums und der Intendantur der militärischen Institute),
		14.	der Korps- und Garnisonapotheker,
		15.	der Beamten der Garnisonlazarette,
		16.	der Offiziere der Traindepots (mit Ausnahme des Traindepotoffiziers bei der Inspektion der Fußartillerie),

Der Pfändungsbeschluß ist zuzustellen:

1 Lfde. Nr.	2 wem?		3 bei Pfändung
		17.	des Vorstandes der Arbeiterabteilung;
[Ia.	Der Militärintendantur der betreffenden Division		der Beamten d. Kriegsgerichte.]
II.	Der Intendantur der militärischen Institute	1.	der Militärintendanturbeamten bei dieser Intendantur und der ihr unterstellten Beamten des Garnisonbauwesens (mit Ausnahme des Oberintendanturrats),
		2.	der Offiziere — soweit sie nicht Generale sind — und des Arztes der Leibgarde der Hartschiere,
		3.	des Kommandeurs der Equitationsanstalt,
		4.	der Artillerieoffiziere vom Platz, sowie der sämtlichen Zeug- und Feuerwerksoffiziere (mit Ausnahme jener bei der Inspektion der Fußartillerie),
		5.	des Kommandeurs der Unteroffizierschule,

Der Pfändungsbeschluß ist zuzustellen:		
1 Lfde. Nr.	2 wem?	3 bei Pfändung
		6. des Kommandeurs der Militärschießschule,
		7. des technischen Vorstandes der Militärlehrschmiede,
		8. der Offiziere und des Rendanten der militärischen Strafanstalten,
		9. der Offiziere, Beamten und Bediensteten der technischen Institute der Artillerie (Artilleriewerkstätten, Geschützgießerei u. Geschoßfabrik, Hauptlaboratorium, Pulverfabrik), der Gewehrfabrik und der Oberfeuerwerkerschule,
		10. der Fortifikationsbeamten bei den Festungsbaukassen Ingolstadt und Germersheim;
III.	Den Regimentskommandeuren, den Kommandeuren der selbständigen (nicht regimentierten) Bataillone, den Detachementführern, dem Kommandeur	der ihnen unterstellten, Gehalt empfangenden Offiziere und Beamten mit Ausnahme der à la suite der Truppenteile stehenden Offiziere;

Der Pfändungsbeschluß ist zuzustellen:			
1 Lfde. Nr.	2 wem?		3 bei Pfändung
	der Equitationsanstalt, dem Kommandeur der Unteroffizierschule und dem Kommandeur der Militärschießschule, dem Kommandeur der Luftschifferabteilung, sowie den Vorständen der Bekleidungsämter.		
IV.	Der Remonteinspektion		der Beamten der Remontedepots und der Remonteanstalt;
V.	Der Inspektion der Militärbildungsanstalten		der sämtlichen Offiziere, Ärzte, Beamten, Professoren und Lehrer der Militärbildungsanstalten (mit Ausnahme des Inspekteurs);
VI.	Dem Kriegsministerium		sämtlicher übrigen, unter den Nummern A I bis V nicht inbegriffenen Offiziere und Beamten der Militärverwaltung (s. S. 112).
	Dem Kriegsministerium		**B. der Pension und des sonstigen aus**

Der Pfändungsbeschluß ist zuzustellen:			
1 Lfde. Nr.	2 wem?		3 bei Pfändung
			Militärfonds fließenden Einkommens
		1.	der sämtlichen mit Pension zur Disposition gestellten oder verabschiedeten Offiziere,
		2.	der sämtlichen auf Inaktivitätsgehalt oder Wartegeld gesetzten Offiziere und Beamten der Militärverwaltung,
		3.	der zeitlich oder für immer in den Ruhestand versetzten Beamten der Militärverwaltung, sowie der quieszierten Zivilprofessoren und Lehrer der Militärbildungsanstalten.
	Dem Kriegsministerium		**C. des aus Militärfonds fließenden Einkommens (Witwenpensionen, Witwengeld, Waisenunterhaltungsbeitrag, Waisengeld, Unfallrenten, gesetzliche Beihilfen)**
			der Hinterbliebenen von

Der Pfändungsbeschluß ist zuzustellen:			
1 Lfde. Nr.	2 wem?		3 bei Pfändung
			Personen des Soldatenstandes und von Beamten der Militärverwaltung.

III. sächsische. Vgl. Verf. des Justizministers vom 20. Mai 1899 (JMBl. S. 163).

Lfde. Nr.	Der Pfändungsbeschluß ist zuzustellen:		
	A. Betreffs der aktiven Offiziere und Beamten:		
I.	den Regimentskommandeuren, den Kommandeuren der selbständigen (nicht regimentierten) Bataillone, der Unteroffizierschule und der Unteroffiziervorschule sowie den Kommandeuren der Landwehrbezirke u. dem Vorstande des Bekleidungsamts.		Bei Pfändung des Diensteinkommens der ihnen unterstellten, Gehalt empfangenden Offiziere und Beamten einschließlich der aggregierten Offiziere; jedoch mit Ausnahme der à la suite der Truppenteile stehenden Offiziere.
II.	der Militärintendantur des betreffenden		

Lfde. Nr.	Der Pfändungsbeschluß ist zuzustellen:		
	Armeekorps (Korpsintendantur).		Bei Pfändung des Diensteinkommens
		1.	der Regimentskommandeure, der Kommandeure der selbständigen (nicht regimentierten) Bataillone, der Unteroffizierschule und der Unteroffiziervorschule;
		2.	der Auditeure und Militärgerichtsaktuarien; [der Beamten der Oberkriegs- und Kommandanturgerichte;]
		3.	des Korpsgeneralarztes und des bei diesem fungierenden Ober- oder Assistenzarztes, der Generaloberärzte, der Garnisonärzte, des Korpsstabsapothekers sowie des Garnisonapothekers;
		4.	der Militäroberpfarrer, der Divisions- und Garnisonpfarrer sowie der Divisions- und Garnisonküster;
		5.	des Korpsroßarztes;
		6.	der Platzmajore;
		7.	der Militärintendanturbeamten mit Ausnahme der Militärintendanten;

Lfde. Nr.	Der Pfändungsbeschluß ist zuzustellen:		
		8.	der Beamten der Proviantämter;
		9.	der Beamten der Garnisonverwaltungen;
		10.	der Beamten des Garnisonbauwesens;
		11.	der Beamten der Garnisonlazarette.
[IIa.	Der Militärintendantur der betreffenden Division.		der Beamten d. Kriegsgerichte.]
III.	Dem Kriegsministerium.		Bei Pfändung des Diensteinkommens sämtlicher übrigen unter den Nummern A I und II nicht inbegriffenen Offiziere und Beamten der Militärverwaltung (siehe S. 112).
	B. Betreffs der Pension ꝛc. beziehenden Offiziere und Beamten:		
	derjenigen Behörde, auf deren Anweisung die nebenstehend aufgeführten Personen ihre Pensions- ꝛc. Gebührnisse empfangen, d. i.		Bei Pfändung der Pension und des sonstigen aus Reichsmilitärfonds fließenden Einkommens:

Lfde. Nr.	Der Pfändungsbeschluß ist zuzustellen:		
a[1])	dem Kriegsministerium;	1.	der sämtlichen mit Pension zur Disposition gestellten Offiziere und oberen Militärbeamten;
		2.	der sämtlichen auf Wartegeld gesetzten oberen Beamten der Militärverwaltung;
		3.	der sämtlichen mit Pension gänzlich verabschiedeten Offiziere und oberen Beamten der Militärverwaltung;
b[2])	der Militärintendantur des Armeekorps (Korpsintendantur), in dessen Bereiche die Betreffenden wohnen.[3])		der sämtlichen auf Wartegeld gesetzten oder mit Pension gänzlich verabschiedeten unteren Beamten der Militärverwaltung.

[1]) Der Geschäftskreis des Kriegsministeriums erstreckt sich auch auf die außerhalb Sachsens wohnenden sächsischen Militärpensionäre (Offiziere u. obere Beamte der Militärverwaltg.

[2]) Der Geschäftskreis der Intendantur des XII. (1. Kgl. Sächs.) Armeekorps erstreckt sich auf alle pensionierten unteren Beamten der sächsischen Militärverwaltung, welche außerhalb Sachsens wohnen.

[3]) Gewöhnlich — aber nicht immer — empfangen die Betreffenden ihre Pensionsgebührnisse auf Anweisung derjenigen Korpsintendantur, in deren Bezirke sie wohnen. Anderenfalls hat die letztere den ihr zugestellten Pfändungsbeschluß ohne Verzug an die Korpsintendantur abzugeben, welche die Anweisung besorgt hat.

Lfde. Nr.	Der Pfändungsbeschluß ist zuzustellen:		
	C. Betreffs der Hinterbliebenen des Soldatenstandes und Beamten: derjenigen Behörde, auf deren Anweisung die nebenstehend aufgeführten Personen ihre Pensions- 2c. Gebührnisse empfangen, d. i.		Bei Pfändung des aus Militärfonds fließenden Einkommens (Witwen- und Waisenpension aus der Königl. Sächsischen Militärwitwen- und Waisenkasse, Witwen- und Waisengeld, Unfallrenten, gesetzl. Beihilfen der Hinterbliebenen von
a [4])	dem Kriegsministerium.	1.	Offizieren und oberen Beamten der Militärverwaltung;
b [5])	der Militärintendantur des Armeekorps (Korpsintendantur), in dessen Bereiche die Betreffenden wohnen. [6])	2.	Personen des Unteroffiziers- und Soldatenstandes sowie von unteren Beamten der Militärverwaltung.

[4]) Dieser Geschäftskreis erstreckt sich auf alle außerhalb Sachsens wohnenden Hinterbliebenen sächsischer Offiziere 2c.

[5]) Der Geschäftskreis der Intendantur des XII. (1. Kgl. Sächs.) Armeekorps erstreckt sich auf alle außerhalb Sachsens wohnenden Hinterbliebenen von Personen des Unteroffiziers- und Soldatenstandes 2c.

[6]) Das in Anm. 3 Gesagte gilt auch in Ansehung der Hinterbliebenen 2c. von Personen des Unteroffiziers- und Soldatenstandes 2c.

IV. württembergische. Vgl. Verf. des Justizministers vom 12. September 1898 (JMBl. S. 230).

Lfde. Nr.	Der Pfändungsbeschluß ist zuzustellen:		
	A. Betreffs der aktiven Offiziere und Beamten:		
I.	Den Regimentskommandeuren, den Kommandeuren der selbständigen (nicht regimentierten) Bataillone, den Kommandeuren der Landwehrbezirke u. dem Vorstande des Bekleidungsamts.		bei Pfändung des Diensteinkommens der ihnen unterstellten, Gehalt empfangenden Offiziere und Beamten, einschließlich der Sanitätsoffiziere des Pionierbataillons Nr. 13, sodann der aggregierten Offiziere, dagegen mit Ausschluß der Offiziere bei dem Pionierbataillon Nr. 13 u. der à la suite d. Truppenteile stehenden Offiziere.
II.	Der Militärintendantur des Armeekorps.		Bei Pfändung des Diensteinkommens:
		1.	der Regimentskommandeure, der Kommandeure der selbständigen (nicht regimentierten) Bataillone und des Vorstandes des Bekleidungsamts;
		2.	der Offiziere bei dem Pionierbataillon Nr. 13;
		3.	der Auditeure; [der Beamten der Oberkriegs-

Lfde. Nr.	Der Pfändungsbeschluß ist zuzustellen:		
			und Kommandanturgerichte;]
		4.	des Korpsgeneralarztes und Oberarztes oder Assistenzarztes bei dem Sanitätsamte, der Generalärzte, der Garnisonärzte, sowie des Korpsstabsapothekers;
		5.	der Garnisonpfarrer und Garnisonküster in Absicht auf ihre Bezüge aus Militärfonds;
		6.	der Platzmajore;
		7.	des Korpsroßarztes beim Generalkommando;
		8.	der Militärintendanturbeamten mit Ausnahme des Militärintendanten;
		9.	der Beamten der Proviantämter;
		10.	der Beamten der Garnisonverwaltungen;
		11.	der Beamten des Garnisonbauwesens;
		12.	der Beamten der Garnisonlazarette.
[IIa.	Der Militärintendantur der betreffenden Division.		Der Beamten d. Kriegsgerichte.]

Lfde. Nr.	Der Pfändungsbeschluß ist zuzustellen:		
III.	Dem Chef d. Waffenabteilung d. Kriegsministeriums		bei Pfändung des Diensteinkommens:
		1.	der Offiziere und Beamten des Artilleriedepots;
		2.	der Offiziere des Traindepots.
IV.	Dem Kriegsministerium		bei Pfändung des Diensteinkommens sämtlicher übrigen unter den Nummern A I bis III nicht einbegriffenen Offiziere und Beamten der Militärverwaltung. (Siehe S. 112.)
	B. Betreffs der Pension ꝛc. beziehenden Offiziere und Beamten:		
	Dem Kriegsministerium		bei Pfändung der Pension und des sonstigen aus Militärfonds fließenden Einkommens;
		1.	der sämtlichen mit Pension zur Disposition gestellten Offiziere und Militärbeamten;
		2.	der sämtlichen auf Inaktivitätsgehalt oder Wartegeld gesetzten Offiziere und Beamten der Militärverwaltung;
		3.	der sämtlichen mit Pension verabschiedeten Offi-

Lfde. Nr.	Der Pfändungsbeschluß ist zuzustellen:		
			ziere und Beamten der Militärverwaltung.
	C. Betreffs der Hinterbliebenen von Personen des Soldatenstandes und von Beamten:		
	Dem Kriegsministerium.		bei Pfändung des aus Militärfonds fließenden Einkommens (Witwen- und Waisenpension, Witwen- und Waisengeld, Unfallrenten, gesetzliche Beihilfen) der Hinterbliebenen von Personen des Soldatenstandes und von Beamten der Militärverwaltung.

C. Marineverwaltung.

Vgl. Verf. des Justizministers vom 2. Januar 1899 (JMBl. S. 3).

Lfde. Nr.	Der Pfändungsbeschluß ist zuzustellen:		
I.	**bei Pfändung des Diensteinkommens:** 1. der Admirale, der zum Marinekabinet, zum Oberkommando und zum Reichsmarineamt versetzten beziehungsweise kommandierten Offiziere (des Seeoffizierkorps, der Marineinfanterie, des Maschineningenieurkorps, des Torpedoingenieurkorps und Sanitätskorps, der Feuerwerks-, Zeug- und Torpedooffiziere, der Deckoffiziere) und der bei diesen Behörden befindlichen Beamten sowie der zu auswärtigen Botschaften und Gesandtschaften kommandierten Seeoffiziere und der Marineintendanten, [des Geheimen Kabinetts	1.	dem Staatssekretär des Reichsmarineamts.

Lfde. Nr.	Der Pfändungsbeschluß ist zuzustellen:		
	Sr. Majestät des Kaisers für die Marineangelegenheiten].		
	2. der nach Kiautschou versetzten beziehungsweise kommandierten Offiziere und Beamten.	2.	dem Kaiserlichen Gouvernement von Kiautschou.
	3. der zu den Werften gehörigen Offiziere und Beamten.	3.	der Kaiserlichen Werft derjenigen Station, welcher der Betreffende angehört.
	4. aller übrigen unter 1—3 nicht aufgeführten Offiziere und Beamten.	4.	der Kaiserlichen Intendantur derjenigen Station, welcher der Betreffende angehört.
II.	**bei Pfändung der Pension beziehungsweise des Wartegeldes u. des sonstigen aus Marinefonds fließenden Einkommens** sämtlicher mit Pension zur Disposition gestellten beziehungsweise gänzlich verabschiedeten Offiziere und Beamten, sowie des aus Marinefonds fließenden		dem Staaatssekretär des Reichsmarineamts.

Lfde. Nr.	Der Pfändungsbeschluß ist zuzustellen:		
	Einkommens (Witwengeld, Waisengeld, Unfallrenten und gesetzliche Beihilfen).		
III.	**bei Pfändung der an Hinterbliebene von Personen des Soldatenstandes und Beamten durch die Militärwitwenkasse zu Berlin zahlbaren Pensionen.**		der Generaldirektion der Königlich Preußischen Militärwitwenpensionsanstalt in Berlin.

D. Reichsamt des Innern.

Der Pfändungsbeschluß ist zuzustellen:

bei Pfändung des Diensteinkommens eines Beamten	
1. des Reichsamtes selbst	dem Staatssekretär
2. der Reichskommissionen (für Schule, Arbeiterstatistik, Auswanderung, Seeschiffahrt)	do.
3. des Schiffsvermessungsamtes	do.
4. der entscheidenden Disziplinarbehörden	do.
5. der Behörden für Untersuchung von Seeunfällen	do.

6. der Reichs-Prüfungs-inspektionen	dem Staatssekretär.
7. des statistischen Amts	do.
8. des Kanalamts	do.
9. des Bundesamts für das Heimatswesen	dessen Präsidenten.
10. des Patentamts	do.
11. des Reichs-Versicherungs-amts	do.
12. des Gesundheitsamts	do.
13. der physikalisch-technischen Reichsanstalt	do.
14. des Aufsichtsamts für Privatversicherung	do.
15. des Reichstages	do.

E. Reichs-Justizamt.

Der Pfändungsbeschluß ist zuzustellen:

bei Pfändung des Diensteinkommens eines Beamten	
1. des Reichs-Justizamts	dem Staatssekretär.
2. des Reichsgerichts, nämlich der Mitglieder desselben, der Reichsanwälte und der Unterbeamten	dem Chefpräsidenten des Reichsgerichts.

F. Reichsschatzamt.

Der Pfändungsbeschluß ist zuzustellen:

bei Pfändung des Diensteinkommens eines Beamten	
1. des Reichsschatzamts	dem Staatssekretär.
2. der Reichsschulden-Verwaltung	dem Präsidenten derselben.

G. Rechnungshof des Deutschen Reichs.

Der Pfändungsbeschluß, welcher das Diensteinkommen eines Beamten desselben betrifft, ist dessen Präsidenten zuzustellen.

H. Reichspost.

Bei Pfändung des Gehalts der Beamten des Reichspostamts selbst, zu welchen auch diejenigen der Postanstalten in den Deutschen Schutzgebieten und Deutschen Postanstalten im Auslande, sowie der Reichsdruckerei zählen, ist der Pfändungsbeschluß dem Reichspostamte zuzustellen.

Bezüglich der sämtlichen anderen Post-, Telegraphen-, Telephonbeamten ist derselbe den Oberpostdirektionen zuzustellen (Allgem. Dienstanweis. f. Post und Telegr. Absch. I § 6, X Abs. 2 § 207); diese sind in Aachen, Berlin, Braunschweig, Bremen, Breslau, Bromberg, Cassel, Chemnitz, Coblenz, Cöln, Cöslin, Danzig, Darmstadt, Dortmund, Dresden, Düsseldorf, Erfurt, Frankfurt (Main) und Frankfurt (Oder), Gumbinnen, Halle, Hamburg, Hannover, Karlsruhe, Kiel, Königsberg (Preußen), Konstanz, Leipzig, Liegnitz, Magdeburg, Metz, Minden, Münster, Oldenburg, Oppeln, Posen, Potsdam, Schwerin, Stettin, Straßburg (Elsaß), Trier. (Vgl. a. a. O. I § 2.)

I. Reichsbank.

Das Diensteinkommen sämtlicher Reichsbank-Beamten, einschließlich der Mitglieder des Reichsbank-Direktoriums, bei der Reichs-Hauptbank zu Berlin und den Reichsbank-Hauptstellen, Reichsbankstellen und Reichsbank-Nebenstellen wird auf Anweisung des Präsidenten des Reichsbank-Direktoriums durch die Kassen der Reichsbank ausgezahlt. Diesem ist daher der Pfändungsbeschluß zuzustellen.

K. Reichs-Eisenbahnamt.

Die Anweisung der Dienstbezüge der bei dem Reichs-Eisenbahnamte beschäftigten Beamten aller Klassen erfolgt durch das Amt selbst; ihm sind daher auch die Pfändungsbeschlüsse zuzustellen.

L. Reichs-Invalidenfondsverwaltung.

Das Diensteinkommen der sämtlichen Beamten der Verwaltung des Reichs-Invalidenfonds wird durch den Vorsitzenden desselben zur Zahlung aus der Reichshauptkasse angewiesen. — Diesem ist daher auch der Pfändungsbeschluß zuzustellen.

II. Staatsbehörden,

von denen hier nur die **preußischen** berücksichtigt werden konnten.

A. Ministerium des Königlichen Hauses.

Dem Minister des Königlichen Hauses ist der Pfändungsbeschluß zuzustellen, der die Beamten des Ministerii und aller von demselben ressortierenden Ämter, Behörden, Verwaltungen (s. Adreßbuch von Berlin Bd. II), auch des Ober-Hofmarschallamtes, der Hofstaaten, des Marstalls, Jagdamtes betrifft (über die Beamtenqualität dieser Personen s. S. 60); dem Vorsitzenden des Geheimen Zivilkabinetts und dem Chef der Königlichen Schauspiele (Generalintendanten) ist der Beschluß zuzustellen, soweit er die Angestellten dieser Ressorts angeht.

(Wegen der Beamten des Militärkabinetts s. S. 113, des Kabinetts f. Marineangelegenheiten s. S. 132).

B. Staatsministerium.

Der Pfändungsbeschluß ist zuzustellen:

Bei Pfändung des Diensteinkommens eines Beamten	wem?
1. des Ministerii	dem Präsidenten des Ministeriums.
2. der Generalordenskommission	do.
3. der Staatsarchive	do.
4. des Gesetzsammlungsamtes	do.
5. des Disziplinarhofes für nicht richterliche Beamte	dem Saatsministerium.
6. der Prüfungskommission für höhere Verwaltungsbeamte	dem Saatsministerium.
7. des Gerichtshofes zur Entscheidung der Kompetenzkonflikte	dem Saatsministerium.
8. der Ansiedelungskommission	dem Saatsministerium.
9. des literarischen Bureaus	dem Saatsministerium.

C. Ministerium der auswärtigen Angelegenheiten.

(Vgl. Reichsbehörden: Auswärtiges Amt.)

Der Pfändungsbeschluß ist zuzustellen:

Bei Pfändung des Diensteinkommens eines Beamten	wem?
1. des Ministerii	dem Minister.
2. der Kgl. preuß. Gesandtschaften bei den Bundesstaaten	do.
3. der Kgl. preuß. Konsulate bei den Bundesstaaten	do.

D. Finanzministerium.

Der Pfändungsbeschluß ist zuzustellen:

Bei Pfändung des Diensteinkommens eines Beamten	wem?
1. des Finanzministerii	dem Finanzminister.
2. des Generalinspektors des Katasters	do.
3. der Seehandlung nebst Kgl. Leihamt	do.
4. der Generalstaatskasse	do.
5. der Oberrechnungskammer	deren Präsidenten.
6. der Hauptverwaltung der Staatsschulden	do.
7. des Oberpräsidiums	dem Oberpräsidenten.
8. der Königl. Regierungen und Landratsämter (einschließlich der Hilfsbeamten)	dem Regierungspräsidenten.
9. eines Mitgliedes des Provinzialrats, Bezirksausschusses, Kreisausschusses	deren Vorsitzenden.
10. der Ministerial-, Militär- und Baukommission	do.
11. der Provinzialsteuerdirektionen, der Haupt- und Nebenzollämter, der Hauptsteuerämter und Steuerämter	dem Provinzialsteuerdirektor. (Vgl. Zirkular-Verfügung des Finanzm. v. 9. Juli 1881 Zentral-Bl. f. d. Abgabenwesen S. 337).
12. der Katasterämter, auch der Kontrolleure u. Inspektoren	der betreffenden Bezirksregierung.

Der Pfändungsbeschluß ist zuzustellen:

Bei Pfändung des Diensteinkommens eines Beamten	wem?
13. der Provinzialverwaltung (Landesdirektor, Deputierte, Landesrat, Baurat, Kassen, Bureaus, Institute	dem Provinzialausschusse.
14. der Kreise (Landrat, Deputierte, Kreisausschußbureaus usw.	dem Kreisausschusse.

E. Ministerium der geistlichen, Unterrichts- und Medizinalangelegenheiten.

Der Pfändungsbeschluß ist zuzustellen:

Bei Pfändung des Diensteinkommens eines Beamten	wem?
1. des Ministerii selbst	dem Minister.
2. des Evangelischen Oberkirchenrats	dessen Präsidenten.
3. der Konsistorien	deren Präsidium.
4. eines evangelischen Geistlichen (Gesetz, betreffend das Diensteinkommen der evangelischen Pfarrer und Kirchengesetz vom 2. Juli 1898)	
a) bezüglich des Grundgehalts und fester Zuschüsse	dem Vorstande der Kirchengemeinde (Gemeindekirchenrat oder Gemeindevertretung).

Der Pfändungsbeschluß ist zuzustellen:

Bei Pfändung des Diensteinkommens eines Beamten	wem?
b) bezüglich der vom Staate gewährten Zuschüsse für den Fall, daß die Kirchengemeinde nicht imstande ist, die Mittel für das Grundgehalt, die Zuschüsse, die Alterszulagenversicherungsbeiträge allein aufzubringen	dem Konsistorium der Provinz.
c) bezüglich der von der Alterszulageversicherung durch die Regierungs-Hauptkasse zu zahlenden Alterszulagen	dem Verwaltungsausschusse der Alterszulagekasse für evangelische Geistliche.
5. der Königl. Akademie der Wissenschaften und Künste, der Hochschule für bildende Künste und Musik, der Meisterschulen für musikalische Komposition und des Instituts für Kirchenmusik	deren Kurator.
6. der Königl. Museen	dem Generaldirektor derselben.
7. der Königl. Universitäten (Lehrer und sonstigen Beamten) und ihrer Institute (Seminarien, Anstalten und Sammlungen [Bibliotheken, Physikalischen, Chemischen, Zoologischen,	deren Kuratorium.

Der Pfändungsbeschluß ist zuzustellen:

Bei Pfändung des Diensteinkommens eines Beamten	wem?
Anatomischen, Pathologischen, Physiologischen, Hygienischen, Geographischen, Botanischen, Technologischen Institute, Universitätsgartens, Botanischen Museums] sowie Klinischen Anstalten)	
8. der technischen Hochschulen	dem Rektor.
9. der Kgl. Krankenhäuser (Berlin und Cassel), sowie der damit verbundenen Institute und der Entbindungsanstalt in Cassel (sonst sind sie Provinzialanstalten s. Finanzm. Nr. 13)	dem Minister.
10. der Provinzial-Schulkollegien	dem Oberpräsidenten.
11. der höheren staatlichen Lehranstalten (Gymnasien, Realgymnasien, Real-Progymnasien, Ober-Realschulen, Realschulen)	dem Provinzial-Schulkollegium.
12. der mittleren Schulen (Bürger-, höhere, Rektoratschulen, der Elementarschulen, (Volksschulen) und Landwirtschaftsschulen	der Königlichen Regierung.

Der Pfändungsbeschluß ist zuzustellen:

Bei Pfändung des Diensteinkommens eines Beamten	wem?
13. des Medizinalkollegii	dem Oberpräsidenten.
14. des Medizinalrats	der Königlichen Regierung.
15. des Kreisarztes	do.

F. Ministerium für Handel und Gewerbe.

Der Pfändungsbeschluß ist zuzustellen:

Bei Pfändung des Diensteinkommens eines Beamten	wem?
1. des Ministerii	dem Minister.
2. der Technischen Deputation für Gewerbe	do.
3. des gewerblichen Unterrichtswesens (Fach-, Zeichen-, Baugewerkschulen)	do.
4. der Oberbergämter, der Revierbeamten der Berg-, Hütten- und Salzwerke nebst dazu gehörigen Anstalten	dem Berghauptmann des betreffenden Oberbergamtes.
5. der Berg-Akademie und bergtechnischen Lehranstalten	dem Minister.
6. der Geologischen Landesanstalt	do.
7. der Porzellanmanufaktur	do.
8. die Aichungsinspektoren	do.
9. des am Sitze der letzteren befindlich. Aichungsamtes	der Königlichen Regierung.

G. Ministerium des Innern.

Der Pfändungsbeschluß ist zuzustellen:

Bei Pfändung des Diensteinkommens eines Beamten	wem?
1. des Ministerii	dem Minister.
2. der Statistischen Bureaus	do.
3. des Oberverwaltungsgerichts	dessen Präsidenten.
4. des Hauses der Abgeordneten	do.
5. des Herrenhauses	do.
6. der Landrätlichen Behörden	den Regierungspräsidenten.
7. der Polizeiverwaltung, soweit es sich um staatliche Beamte handelt	do.
in Berlin	dem Polizeipräsidenten.
8. der Landgendarmerie	dem Kommandeur der betreffenden Gendarmeriebrigade.
9. der Strafanstaltsverwaltungen (vgl. Justizministerium ad 3), auch der Anstaltsärzte und -geistlichen	den Königl. Regierungen.
10. Versicherungsrevisoren	do.
11. der Amtsvorsteher (Amtmänner, Distriktskommissare, Landbürgermeister) und Amtssekretäre	dem Kreisausschusse.

(Wegen Provinzial- u. Kreisbeamten s. Finanzminist.)

H. Justizministerium.

Nach den für die Verwaltung der Etatsfonds bestehenden Vorschriften bei den Justizbehörden vom 31. März 1900 (vgl. JMBl. 1900 S. 301 ff.) ist die Zahlung anzuweisen, demnach

der Pfändungsbeschluß zuzustellen:

A. Bei Pfändung des Diensteinkommens	wem?
1. eines Beamten des Justizministerii	dem Justizminister.
2. der richterlichen Beamten der Oberlandes-, Land- und Amtsgerichte (auch der Hilfsarbeiter)	dem Oberlandesgerichtspräsidenten.
3. der Rechnungs-, Kassen- u. Bureaubeamten der Gerichte und Staatsanwaltschaften, der Zwangsverwaltungsinspektoren, Gerichtsdiener, Kastellane und der Gefängnisbeamten bei den land- und amtsgerichtlichen Gefängnissen	do.
4. der Gerichtsvollzieher (auch Hilfsgerichtsvollzieher und Gerichtsvollzieher kraft Auftrages) bezüglich des festen Gehalts, Wohnungsgeldzuschusses, der Diäten, der Amtskaution; sonst s. unten Nr. 10	do.

Der Pfändungsbeschluß ist zuzustellen:

A. Bei Pfändung des Diensteinkommens	wem?
5. der Kanzleibeamten (Kanzlisten, Kanzleidiätare [auch bei den Staatsanwaltschaften]), bezüglich des festen Gehalts bezw. der Diäten; s. unter Nr. 11	dem Oberlandesgerichtspräsidenten.
6. der bei den Staatsanwaltschaften angestellten oder beschäftigten Beamten des höheren Justizdienstes (Ersten Staatsanwälte, Staatsanwälte, Gerichtsassessoren)	dem Oberstaatsanwalte.
7. der etatsmäßigen Beamten der Amtsanwaltschaft und deren Vertreter, sowie der nicht etatsmäßigen Amtsanwälte	do.
8. der Gefängnisdirektoren, Geistlichen und übrigen Beamten bei den besonderen Gefängnissen (Strafgefängnisse zu Plötzensee und Tegel, Untersuchungsgefängnis in Berlin-Moabit, in Berlin-Alexanderstraße nebst Filiale, Gerichtsgefängnisse i. Beuthen O.-S. und Hannover, Strafgefängnis in Preungesheim, Gerichtsgefäng-	do.

Der Pfändungsbeschluß ist zuzustellen:

A. Bei Pfändung des Diensteinkommens	wem?
nis in Frankfurt a. M., Zentralgefängnis in Bochum, Strafgefängnis in Glückstadt, Gerichtsgefängnis zu Danzig-Oliva, Zentralgefängnisse in Wronke und Gollnow)	
9. der Beamten bei den Strafanstalten	den Köngl. Regierungen (vgl. Minist. d. Innern).
10. der Gerichtsvollzieher, der Gerichtsvollzieher kraft Auftrags und der Hilfsgerichtsvollzieher bezüglich der Gebührenanteile und Entschädigungen f. frühere Dienstbezüge und Einziehung von Kosten und Geldstrafen, sowie der Auslagen in Armensachen (Gerichtsvollz.-Ordn. v. 31. März 1900 § 71; Erl. d. Justizm. v. 31. März 1900 Nr. 8 u. 9 [vgl. unter Nr. 2])	dem Landgerichtspräsidenten. (In Berlin bei dem Amtsgerichte I dem Amtsgerichtspräsidenten nach der Verfügung des Justizminist. v. 4. IX. 00 [JMBl. S. 559] D Nr. 19 und E.)
11. der Kanzleibeamten (Kanzlisten, Kanzleidiätare), Lohnschreiber wegen der besonders verdienten Schreiblöhne	dem Präsidenten des Oberlandesgerichts, Landgerichts und dem aufsichtführenden Amtsrichter des Gerichts, bei welchem der Beamte beschäftigt ist.

I. Ministerium für Landwirtschaft, Domänen und Forsten.

Der Pfändungsbeschluß ist zuzustellen:

Bei Pfändung des Diensteinkommens eines Beamten	wem?
1. des Ministerii	dem Minister.
2. des Landesökonomie-Kollegii	do.
3. der technischen Deputation für das Veterinärwesen	do.
4. des Oberlandforstmeisters und der Landforstmeister	do.
5. des Oberstallmeisters	do.
6. des Landgestütswesens	dem Oberstallmeister.
7. der landwirtschaftlichen Hochschule	dem Rektor.
8. der tierärztlichen Hochschule	do.
9. der Generalkommissionen	der Königlichen Bezirksregierung.
10. der Oberforstmeister, Oberförster, Revierförster, Hegemeister, Förster, Waldwärter, Forsthilfsaufseher	do.
11. der Kreis- und Departementstierärzte	do.
12. der Rentenbanken	dem Direktor.
13. der Zentralgenossenschaftskasse	do.
14. des Oberlandeskulturgerichts	dem Präsidenten.

K. Ministerium der öffentlichen Arbeiten.

Der Pfändungsbeschluß ist zuzustellen:

Bei Pfändung des Diensteinkommens eines Beamten	wem?
1. des Ministerii	dem Minister.
2. des technischen (Ober-) Prüfungsamtes	do.
3. der Eisenbahndirektionen	deren Präsidenten.
4. der vom Staate verwalteten Eisenbahnen, nämlich der Betriebs-, Maschinen-, Werkstätten-, Telegraphen-, Verkehrs-Inspektionen, Bauabteilungen, Rechnungsdirektorien, Stationen (bei Arbeitern genaue Angabe des Ortes der Beschäftigung, Station [Güterabfertigung, Betriebs-, Haupt-, Nebenwerkstatt usw.] erforderlich)	den Eisenbahndirektionen zu Altona, Berlin, Breslau, Bromberg, Cassel, Danzig, Elberfeld, Erfurt, Essen, Franfurt a. M., Halle, Hannover, Kattowitz, Köln, Königsberg, Magdeburg, Mainz, Münster, Posen, St. Johann-Saarbrücken, Stettin.
5. der Kreisbauinspektoren, Bauräte (Kreisbaumeister sind Angestellte der Kreiskorporation s. Finanzm. Nr. 14), Bauschreiber, technischen Sekretäre der Bauverwaltung	den Regierungspräsidenten.

L. Kriegsministerium

siehe Reichsbehörden I. B.

III. Städtische Behörden.

Der Pfändungsbeschluß, welcher die Dienstbezüge eines städtischen Beamten betrifft, ist dem Magistrate — für den Bereich der Rheinprovinz dem Bürgermeister — zuzustellen, gleichviel, ob derselbe in der städtischen Verwaltung selbst oder in ihren Betrieben, Anstalten, Stiftungen beschäftigt wird. Die Polizeibeamten sind, soweit sie ihr Gehalt von der städtischen Behörde beziehen, als deren Beamte anzusehen (vgl. II G. Min. d. Innern).

Bezüglich der Standesbeamten und des Personals der Standesämter ist hinsichtlich der Frage der Zustellung des Pfändungsbeschlusses zu unterscheiden, ob sie von den Gemeinden aus den Eingesessenen oder in Ermangelung geeigneter solcher Persönlichkeiten von der höheren Verwaltungsbehörde bestellt werden (§§ 4, 6, 7 d. RG. v. 6. Februar 1875). Im ersteren Falle weist der Gemeindevorstand (in Städten der Magistrat), bei Standesamtsbezirken, welche aus mehreren Gemeinden gebildet werden, der Landrat in seiner Eigenschaft als Vorsitzender des Kreisausschusses, im zweiten Falle die höhere Verwaltungsbehörde, d. h. der Regierungs-Präsident, die Bezüge an: diesen ist also der Pfändungsbeschluß zuzustellen.

IV. Gemeindebehörden.

In den Landgemeinden, wo der Gemeindevorstand oder Bürgermeister (Rheinprovinz) die Vertretung der Gemeinde und die Leitung der Verwaltung in seiner Hand hat, ist der Pfändungsbeschluß ihm, bei Pfändung seines eigenen Gehalts dem dienstältesten bezw. bei gleicher Dienstzeit dem an Lebensjahren ältesten Schöffen oder Beigeordneten zuzustellen (Entsch. OVerwGer. IV S. 121, 326, VI S. 264).

BB. Die Pfändungsbeschlüsse hinsichtlich der Pensionen, Dispositionsgehälter und laufenden Unterstützungen

aller Staatsbeamten sind der Kgl. Regierung ihres jeweiligen Wohnortes, in Berlin der Kgl. Ministerial-, Militär- und Baukommission, aller Reichs- (außer den Militärpersonen s. S. 113 fg., 121 fg., 125 fg., 130 fg., 133 fg.) und sonstigen Beamten derselben Behörde zuzustellen, bei welcher als Drittschuldnerin (s. AA.) das Diensteinkommen zu pfänden ist.

CC. Amtskautionen

haben nur noch die Reichsbankbeamten und Gerichtsvollzieher zu stellen. Der Anspruch auf Herausgabe derselben ist in voller Höhe pfändbar. Der dies anordnende Gerichtsbeschluß ist hinsichtlich der Reichsbankbeamten dem Präsidenten des Reichsbank-Direktoriums, hinsichtlich der Gerichtsvollzieher dem Oberlandesgerichts-Präsidenten als Drittschuldner zuzustellen.

Schlußwort.

Zuverlässige Angaben zur Vervollständigung dieses Verzeichnisses werden vom Verfasser mit Dank entgegengenommen.

Alphabetisches Sachregister.

(Die Zahlen verweisen auf die Seiten der Schrift.)

Abgaben 67 fg.
Abhängigkeit 28 fg.
Abreden über Lohn 41, 49.
Abtretung des Lohnes 26, 41, 81.
— des Diensteinkommens 66.
— der Pension 66 fg.
Agent 29.
Amtskaution 151.
Anerkennung einer Forderung 36, 74.
Anfechtung der Pfändung 102.
Annahmeverzug 51, 52.
Anspruch, zu sichernder und befriedigender, a) Schuldgrund 37, b) Schuldtitel 37.
Anstellung, tageweise 28.
Anträge beim Vollstreckungsgericht 98 fg.
Anweisung 41, 81.
Arbeiten, Arten der — 24.
Arbeiter 25.
Arbeitgeber 25.
Arbeitslohn 26, 50.
— ordnung 44.
— verhältnis 26 fg.
Armenverband 71.
Arten der Vergütung 52 fg.
Arten der Entstehung des Arbeitsverhältnisses 30.
Artist 25.
Arzt 27.
Hausarzt 39.
— an öffentlichen 61.
— an privaten Anstalten 61.
Aufrechnung des Arbeiters, des Arbeitgebers gegen Lohn- und Gehaltsforderung 43 fg.
— kraft Gesetzes 45 fg.
— mit Anspruch aus unerlaubter Handlung 45, aus Vertragsbruch 46.
— erlaubt 47 fg.
— gegen Dienstbezüge 66 fg.
— kraft Vertrages 44.
Aushilfen 30.
Auslagen 55, 53.

Beamte 58 fg., Staats- 59, Hof- 60, Beamtenverhältnis 59, Merkmale 60. Haupt-, Nebenamt 31 fg., 65, 81.
Behörden, welchen der Pfändungsbeschluß zuzustellen ist 104 fg. Reichsbehörden 106 fg. Staatsbehörden 137 fg. städtische Behörden 150. Gemeindebehörden 150.
Beschlagnahme, siehe Lohn, Diensteinkommen, Vollstreckungsgericht.
Besteller 51 fg.
Bezüge, mehrere aus demselben Dienstverhältnisse 54, aus verschiedenen 81, aus Haupt- und Nebenbeschäftigung 31 fg., 81.

Cession s. Abtretuug.
Civilbeamten 59.
Choristen 24.
Collegiengelder 64.

Dauer der Anstellung 79.
— der Verträge und Leistungen s. Stetigkeit.
Deckoffiziere 58, 66.
Diätare 61.
Dienstaufwand 53, 62, 63.
Dienstbezüge 62 fg.
Dienstbote s. Gesinde.
Dienste 24, für Person, Haushalt, Geschäft des Dienstherrn 27.
Diensteinkommen 61. zukünftig fälliges 65. rückständiges 65. pfändbarer Teil 63 fg.
— pfändung s. Pfändung des Diensteinkommens.
Dienstherr 47.
Dienstlohn s. Lohn.
Dienstprämien 64.
Dienstverhältnis 27 fg.
Dienstvertrag 25, 51.
Dienstwohnung 62.
Direktor einer Aktien-Gesellschaft 29.
Dispositionsgehalt 63.
Drittschuldner 98, 103, 104.

Ehegatte, jetzige, frühere 63, 67, 69 fg., 83 fg.
Einforderung des Lohnes 35, 65, Folgerungen 36.
Einwendung gegen die Vollstreckung 102 fg.
Entlassung 51.
Entschädigungsansprüche 50 fg.
Entstehung des Arbeitsververhältnisses 30.
Erbe 26, 87.
Erkrankung 47, 51 fg.
Erlaß des Lohnes 41.
Ersatz von Materialien und Auslagen 49, 55.
Erwerbsfähigkeit 31.

Erwerbstätigkeit 31.
Erziehungsgelder 73.

Fahrgeld 53, 62.
Fälligkeit von Unterhaltsforderungen 98.
Familie s. Verwandte.

Gage 53.
Gegenleistung, vertragliche 49.
Gegenstand der Arbeiten und Dienste 24fg.
Gehalt s. Lohn.
Geistliche 61, 66, 69.
Geltungsbereich des Gesetzes 17, 96.
Gendarmerie 58.
Gerichtsvollziehergebühren 64.
Geschäftsführer 29.
Gesellschafter 29.
Gesinde 24, 47, 51, 78.
Gesindeordnung 47, 51.
Gewerbegehilfe 24.
Gewerbeordnung 25, 41, 44—46, 49.
Gnadengehalt 63.
Gratifikationen 53, 62.
Gutsverwalter 78.

Handlungsgehilfen 78.
Hausgewerbetreibende 29.
— lehrer 27, 31.
— ordnung 44.
Hebamme 27.
Heilgehilfe 27.
Heimarbeiter 29.
Hofbeamte 60.
Höhe des Lohnes und Gehalts 37, 77fg.
— des Diensteinkommens 63.
— der Pension 65.

Invalidenpension 62, 66.

Kinder, eheliche s. Verwandte.
— uneheliche 83fg., 87.
Klageerhebung wegen Unterhalts 75.
Kollegiengelder pfändbar 64.
Konkurs d. Arbeitgebers 34.
Kosten des Unterhaltsstreits 73.
Krankenpfleger 27.
Kündigung, tägliche 28.
Künstler 24.

Lehrer an öffentlichen Anstalten 61, 66.
Leistung der Dienste 32, 50.
Lohn, ausgezahlter 33, 34, 38.
— eingeforderter 35.
— nicht eingeforderter 35fg.
— reiner 55.
— rückständiger 33. 40.
— schwankender 39, 79, 99, 101.
— zukünftiger 39, 80.
— abreden 41.

Lohnabzüge 44 fg.
— Arten des, s. Vergütung.
— aufrechnung 43 fg.
— beschlagnahme
a) wenn kein Dienstverhältnis vorliegt 38.
b) wenn es vorliegt: nach Ablauf der Lohnperiode 34, des Nebenverdienstes 31, der jährlichen Vergütung über 1500 M. 77, mehrerer Bezüge 81, wegen Steuern 67, wegen Unterhaltsbeiträge 69. [Verwandte, (frühere) Ehegatte 71 fg., uneheliches Kind 83 fg., bei Konkurrenz derselben 90 fg.].
Lohndiener 27.
— einbehaltung 41, 48.
— entschädigung 50 fg.
— forderung, keine — bei Vorauszahlung 33.
— kutscher 27.
— periode 33 fg.
— pfändg. s.-beschlagnahme.
— rate 33.
— schreiber 61.
— stundung 36.
— verwirkung 41.
— vorschuß 42, 81 fg.
— zahlung, in Natur und Geld 52, nach Zeit, Anzahl der Leistungen 52, Stück 33, 52.

Mehrheit pfändender Gläubiger, Verhältnis Nichtbevorrechtigter zu Bevorrechtigten 76, letzterer zu einander 76.
— der Bezüge 81.
Mietsentschädigung 62.
Militärärzte sind Militärpersonen 58, 69.
Militärbeamten 58.
— personen 58.
Musiker 24.
— lehrer 27.

„Nämlicher Zeitraum" 90 fg.
Naturalleistung 54.
— ihre Beschlagnahme 54.
Nebenbeschäftigung 31, 65, 81.
Nebenverdienste 31.
Nichteinforderung des Lohnes 35, Folgerungen 36.
notdürftiger } Unterhalt
notwendiger } 89 fg.

Offiziere 58, 66, 69.
Ordnungsstrafen 44, 81.

Pension 38, 50, 80.
— der Beamten 62, 65.
— der Privatangestellten 50, 80.
Pfändbarkeit der Vergütung 54.
Pfändung des Lohnes siehe Lohnbeschlagnahme.

Pfändung der Amtskaution 151.
— des Diensteinkommens Zulässigkeit 63, 67 fg., 69 fg., 81.
Verbot 63.
Beschränkungen s. auch Steuern, Unterhaltsbeiträge.
— bei Zusammentreffen mit Pension oder Lohn 81.
Pfändung der Pension 65, 80.
Pfändungsantrag 98.
Art und Weise der Pfändung, Begrenzung der Forderung, Fälligkeit d. F., Individualisierung d. F., Bezeichnung des Drittschuldners 98.
— anfechtung 102, durch Beschwerde 103, durch Klage 103, vom Schuldner, Rechtsnachfolger, Drittschuldner, ihre Einwendungen 103, 104.
— beschluß 100, Erlaß 100, Zustellung 102, Anfechtung s. vorher.
Privatvermögen 64, 76.
Prokuristen 78.
Provision 39, 52.

Rangverhältnis der Unterhaltsberechtigten 90 fg.
Rechtsgrund d. Anspruchs 37.
Rechtswirksamkeit v. Verfüg. üb. Lohn 2c. 41 fg., Diensteinkommen 66, s. auch Aufrechnung, Zurückbehaltungsrecht.
— von Dienstverträgen mit nichtiger Lohnabrede 43.
Redakteure 24, 78.
Remunerationen 62.
Reiseersparnisse 53.
— diäten 53.
— spesen 53.
Repräsentationsgelder 53.
Rückwirkende Kraft des Gesetzes 96 fg.

Sänger 24.
Schadensersatz s. Entschädigungsansprüche 50 fg., 80.
Schauspieler 24, 29, 53.
Schenkungen 41, 66.
Schneider 30.
Schuhmacher 30.
Schuldtitel 37, 75.
Servis 62, 63.
Sold 62, 66, 69.
— ersparnis 64.
Spesen 53.
Spezialvorschriften über Aufrechnung gegen Lohn- und Gehaltsforderungen 44 fg.
Sporteln 64.
Sterbe-, Gnadengehalt 63.
Stetigkeit d. Dienstleistg. 27.

Steuern
Arten 67.
bevorrechtigt bei Lohn- u. Gehaltspfändg. 67 fg.
in Preußen 68.
Sträflinge, Arbeitsverdienst 30.
Studienstipendien 72.
Stücklohn 52.

Tagegelder 62.
Tagelöhner 27.
Tantième 53.
Tänzerinnen 24.
Trinkgelder 54.

Uneheliche Kinder 83 fg.
Unmöglichkeit d. Leistung 51, 52.
Unterhalt
standesgemäße } 89 fg.
notdürftige } 89 fg.
Unterhaltsbeiträge 73.
laufende 75, rückständige 75, 88, 95, vertrags-, vergleichsmäßige 74.
„kraft Gesetzes" 73, 88.
der Verwandten 71 fg.
des (früheren) Ehegatten 71 fg.
des unehelichen Kindes 87 fg., für den nämlichen Zeitraum wie d. Verwandten 90 fg., für verschiedenen Zeitraum 93 fg.
Abtretung 72.
Arten, Gegenstand der U. 73.
Fälligkeit 98.
Kosten der Einklagung 73.
Pfändung wegen der U. 69 fg., 83 fg., Zinsen der U. 53.
Unterhaltspflicht 70 fg.
Unternehmer 29, 51.
Unwirksamkeit s. Verfügung. und Rechtswirksamkeit.

Veränderung der Verhältnisse 76.
Verbot der Beschlagnahme absolut 37.
Verdienst im Lohnverhältnis 31, Neben— 31, — der Frau und Kinder 90.
Verfahren der Beschlagnahme 98 fg.
Verfügungen über Dienstlohn, Gehalt, zulässige 42, unzulässige 41, über Diensteinkommen und Pension 66, der preuß. Beamten 67.
Vergleich über Lohnforderung 74.
Vergütung
Abreden 41 fg., 49.
Arten 52.
Begriff 26.
Erlasse 41.

Feststellung des reinen Lohnes 55.
Gegensatz Pension, Entschädigung 38, 50, 80, geschuldet im Dienst- u. Werkvertrage 51, geschützt als Arbeitserfolg 26, 50, im Konkurse des Arbeitgebers 34, in natura 52.
Pfändbarkeit 54, der Schauspieler 24, 29, 53.
Verfügung über Vergütung s. Verfügung.
Vergütungsberechtigte 49.
Verhältnis der Gläubiger zueinander 76 fg.
Vermögensvorteil
gebührender } 54.
vereinbarter } 54.
üblicher } 54.
taxmäßiger } 54.
Verpfändung des Lohnes 41 fg., 80.
— d. Diensteinkommens 66.
— der Pension 67.
Vertragsstrafe 44, 81.
Verwandte
Kreis der unterhaltsberechtigten V. 71.
Unterhaltsbeiträge der V. siehe Unterhaltsbeiträge.
Pfändung der Einkünfte von seiten d. V. 72 fg. bei Zusammentreffen der V. mit dem unehelichen Kinde 90 fg.
Vollstreckungsgericht
Anträge 98.
Einwendungen 102.
Unzuständigkeit 103.
Verfahren dabei 103.
Vollstreckungsvorrecht wegen
1. Steuern 67.
2. Unterhaltsforderung s. Unterhaltsbeiträge.
Beschränkungen des V. 68, 69, 73 fg., 89 fg.
Gegenstand des V. 72, 88.
Inhalt des V. 72, 88.
Umfang 73, 88.
Verwirklichung des V. 75 fg.
Voraussetzungen f. Zulässigkeit der Beschlagnahme 24, 63, 72, 79, 100.
Vorbereitungsdienst 60.
Vorpfändung 34, 65.
Vorschußleistung erlaubt 42, Anrechnung bei Pfändung 81 fg.

Wahlobligation 55.
Waisengelder 72.
Wartegelder 62 f. Pension.
Werkvertrag 25, 51.
Wirkung des Verbots der Verfügung über den Lohn 43.

Witwengelder 72.
Wohnungszuschuß 53, 62.

Zahltag 34 fg.
Zeitdauer 25, -umfang 25. der Anstellung sowie der Arbeit und des Arbeitsverhältnisses 78, 79.
Zeitraum
„der nämliche" 90 fg.
„für das Jahr" 79.
Zession s. Abtretung.
Zinsen des Unterhaltsanspruchs 73.
Zivilbeamten 59.
Zurückbehaltungsrecht 48.
Zusammentreffen von bevorrechtigten und nicht bevorrechtigten Forderungen 76, von mehreren Bevorrechtigten 76 fg.
Zustellung des Pfändungsbeschlusses s. Behörden 106 fg.

Druck von Georg Reimer in Berlin.

Verzeichnis

der

Guttentag'schen Sammlung Deutscher Reichs- und Preussischer Gesetze

Text-Ausgaben

mit Anmerkungen u. Sachregister

Guttentag'sche Sammlung

Deutscher Reichsgesetze.

Text-Ausgaben mit Anmerkungen. Taschenformat.

1. **Verfassung** des Deutschen Reichs. Gegeben Berlin, den 16. April 1871. Von Dr. **L. von Rönne.** Neunte Auflage von Landrath **Paul von Rönne.** 2 M. 40 Pf.

2. **Strafgesetzbuch** für das Deutsche Reich. Nebst den gebräuchlichsten Reichs-Strafgesetzen: Presse, Entziehung elektrischer Arbeit, Kranken-, Unfall-, Invalidenversicherung, Gewerbeordnung, unlauterer Wettbewerb, Depot- und Börsengesetz, gewerbliche Kinderarbeit u. s. w. Von Dr. **H. Rüdorff.** Einundzwanzigste Auflage von Dr. **H. Appelius,** Kammergerichtsrath. 1 M. 20 Pf.

3. **Militärstrafgerichtsordnung** nebst Einführungsgesetz und Gesetz, betreffend die Dienstvergehen der richterlichen Militärjustizbeamten und die unfreiwillige Versetzung derselben in eine andere Stelle oder in den Ruhestand. Bearbeitet von **Dr. Paul Herz,** Senatspräsident am Reichsmilitärgericht. Dritte Auflage. 4 M.

   Militär-**Strafgesetzbuch** s. RG. Nr. 67.

4. **Handelsgesetzbuch vom 10. Mai 1897** unter Ausschluß des Seerechts. Mit den ergänzenden Vorschriften des Bürgerlichen Gesetzbuchs und Erläuterungen herausgegeben von **F. Litthauer,** Justizrath Zwölfte Auflage. 2 M. 80 Pf

5. Allgemeine Deutsche **Wechselordnung.** Achte Auflage von Justizrath Dr. **J. Stranz** und Rechtsanwalt Dr. **M. Stranz,** und das Reichsgesetz über die **Wechselstempelsteuer.** Von Regierungsrath **P. Loeck.** Siebente Auflage. 3 M.

6. **Gewerbeordnung** für das Deutsche Reich nebst allen Ausführungsbestimmungen. Ursprünglich herausgegeben von **T. Ph. Berger** und Dr. **L. Wilhelmi.** Sechszehnte Auflage bearbeitet von Oberverwaltungsgerichtsrath **H. Spangenberg.** 3 M.

7. Die deutsche **Post- und Telegraphen-Gesetzgebung.** Nebst dem Weltpostvertrag und dem internationalen Telegraphenvertrag. Von Wirkl. Geh. Rath Dr. **Fischer.** Fünfte Auflage bearbeitet von Geh. Postrath Dr. **M. König.** 3 M.

8. Die Reichsgesetze über den **Unterstützungswohnsitz** in der Fassung der Novelle vom 12. März 1894, **die Freizügigkeit, den Erwerb und Verlust der Bundes- und Staatsangehörigkeit,** nebst allen landesgesetzlichen Bestimmungen. Von Geheimrath Dr. **J. Krech,** Mitglied des Bundesamtes für das Heimathwesen. Fünfte Auflage. 2 M. 70 Pf.

9a. Sammlung **kleinerer privatrechtlicher Reichsgesetze.** Von **F. Vierhaus.** Zweite Auflage in Vorbereitung.

9. Sammlung **kleinerer strafrechtlicher Reichsgesetze.** Mit den Entscheidungen des Reichsgerichts bearbeitet von **M. Werner,** Geh. Ober-Regierungsrath. Zweite Auflage. 3 M.

Inhalt: Inhaberpapiere — Presse — Personenstand — Urheberrechtsgesetzgebung — Rinderpest — Nahrungs- und Genußmittel — Sprengstoff — Feingehalt von Gold- und Silberwaaren — Patentgesetz — Handfeuerwaffen — Gebrauchsmusterschutz — Militärische Geheimnisse — Waarenbezeichnung — unlauterer Wettbewerb — Auswanderung — Margarine — Wein — Sklavenraub — Fleischbeschau — Reichsseuchengesetz — Süßstoff — Reichskassenscheine.

10. Das **Reichsbeamtengesetz** vom 31. März 1873 und seine Ergänzungen. Erläutert von **J. Pieper,** Geh. Ober-Regierungsrath. Zweite Auflage. 4 M. 50 Pf.

11. **Civilprozeßordnung mit Gerichtsverfassungsgesetz** und den Einführungsgesetzen. Unter besonderer Berücksichtigung der Entscheidungen des Reichsgerichts herausgegeben mit Anmerkungen von **R. Sydow,** Unterstaatssekretär und **L. Busch,** Kammergerichtsrath. Neunte Auflage. 8°. 5 M.

Dieser Band ist in größerem Format erschienen!

12. **Strafprozeßordnung und Gerichtsverfassungsgesetz** nebst dem Gesetz, betreffend die Entschädigung der im Wiederaufnahmeverfahren freigesprochenen Personen. Von **A. Hellweg,** Reichsgerichtsrath. Dreizehnte Auflage. 2 M.

13. **Konkursordnung und Anfechtungsgesetz.** Unter besonderer Berücksichtigung der Entscheidungen des Reichsgerichts herausgegeben mit Anmerkungen von **R. Sydow** u. **L. Busch.** Neunte Auflage. 2 M. 25 Pf.

14. **Gerichtsverfassungsgesetz** mit Einführungsgesetz, Nebengesetzen und Ergänzungen. Herausgegeben von **R. Sydow** u. **L. Busch.** Neunte Auflage in Vorbereitung.

15. Das **Deutsche Gerichtskostengesetz** nebst den Gebührenordnungen für Gerichtsvollzieher, Zeugen und Sachverständige. Herausgegeben mit Anmerkungen und Kostentabellen von **R. Sydow** u. **L. Busch.** Siebente Auflage. 1 M. 80 Pf.

16. **Rechtsanwaltsordnung.** Von **R. Sydow.** Vierte Auflage von Dr. **E. Mosler.** 1 M. 20 Pf.

17. Die **Deutsche Gebührenordnung für Rechtsanwälte und das Preußische Gebührengesetz** vom 27. September/6. Oktober 1899. Von **R. Sydow** und **L. Busch.** Siebente Auflage. 1 M. 60 Pf.

18. **Reichsstempelgesetz (Börsensteuergesetz)** v. 14. Juni 1900, mit den Ausführungsbestimmungen, einem Auszug aus den Gesetzes-Materialien und den Entscheidungen der Verwaltungsbehörden und des Reichsgerichts. Achte Auflage von **P. Loeck,** Regierungsrath. 3 M. 30 Pf.

19. Die **Seegesetzgebung.** Nebst den Entscheidungen des Reichsoberhandelsgerichts, des Reichsgerichts und der Seeämter. Von Dr. **W. E. Knitschky.** Dritte Auflage bearbeitet von Oberlandesgerichtsrath **Otto Rudorff** in Hamburg. 4 M. 50 Pf.

20. **Krankenversicherungsgesetz.** Von weil. Dr. **E. von Woedtke,** Direktor im Reichsamte des Innern. Zehnte Auflage bearbeitet von Dr. **G. Eucken-Addenhausen,** Geh. Reg.-Rath und vortr. Rat im Reichsamte des Innern. 3 M. 50 Pf.

21. Die **Konsulargesetzgebung.** Von Professor Dr. **Ph. Zorn.** Zweite Auflage. 3 M.

22a. **Patentgesetz.** Nebst Ausführungsbestimmungen, völkerrechtlichen Verträgen und der Patentanwalts-Ordnung unter eingehender Berücksichtigung der Rechtsprechung des Reichsgerichts und der Praxis des Patentamts. Erläutert von Prof. Dr. **R. Stephan,** Geh. Reg.-Rath, Mitglied des Kaiserlichen Patentamts. Sechste Auflage. 2 M.

22b. Gesetz zum **Schutz der Waarenbezeichnungen.** Nebst Ausführungsbestimmungen. Von Dr. **R. Stephan,** Geh. Reg.-Rath, Mitglied des Kaiserlichen Patentamts. Vierte Auflage. 1 M.

23. **Gewerbe-Unfallversicherungsgesetz** und Gesetz, betr. die Abänderung der Unfallversicherungsgesetze vom 30. Juni 1900 nebst Ausführungsverordnungen. Von Dr. **E. v. Woedtke,** Präsident des Kaiserl. Aufsichtsamts für Privatversicherung. Achte Auflage. 2 M. 50 Pf.

24. **Aktiengesellschaft und Kommanditgesellschaften auf Aktien.** (Handelsgesetzbuch, II. Buch, Abschnitt 3

und 4.) Mit Anmerkungen von **H. Keyssner**, Kammergerichtsrath und Dr. **H. Veit Simon**, Rechtsanwalt. Fünfte Auflage. Bearbeitet von Dr. **Hugo Keyssner** und **L. Keyssner.** 2 M. 25 Pf.

25. Reichsgesetz wegen **Erhebung der Brausteuer** vom 31. Mai 1872 mit Ausführungsvorschriften. Von **E. Bertho**, Regierungsrath. 1885. 1 M. 60 Pf.

26. Die Reichsgesetzgebung über **Münz- und Notenbankwesen**, Papiergeld, Prämienpapiere und Reichsschulden. Von Dr. jur. **R. Koch**, Präsident des Reichsbankdirektoriums. Vierte Auflage. 3 M.

27. Die Gesetzgebung, betr. das **Gesundheitswesen** im Deutschen Reich für Behörden, Aerzte 2c. Von Dr. jur. **C. Goesch** und Dr. med. **J. Karsten.** 1888. 1 M. 60 Pf.

28. **Bau-Unfallversicherungsgesetz.** Vom 30. Juni 1900. Von **R. Chrzescinski**, Kaiserl. Regierungsrath. Dritte Auflage. 2 M.

29. Reichsgesetz, betr. die **Erwerbs- und Wirthschaftsgenossenschaften.** Von **L. Parisius** und Dr. **H. Crüger.** Zehnte Auflage bearbeitet von Dr. **H. Crüger.** 1 M. 50 Pf.

30. **Invalidenversicherungsgesetz** vom 13. Juli 1899. Von Dr. **E. v. Woedtke**, Präsident des Kaiserlichen Aufsichtsamts für Privatversicherung. Neunte Auflage. 2 M. 50 Pf.

31. **Gewerbegerichtsgesetz.** Von Stadtrath **L. Mugdan.** Fünfte Auflage bearbeitet von **W. Cuno,** Erstem Bürgermeister zu Hagen i. W. 2 M.

32. Reichsgesetz, betr. die **Gesellschaften mit beschränkter Haftung.** Von **L. Parisius** und Dr. **H. Crüger.** Siebente Auflage. 1 M. 25 Pf.

33. Das **Vereins- und Versammlungsrecht** in Deutschland. Von Dr. **E. Ball,** Rechtsanwalt. 2 M. 25 Pf.

34. Reichsgesetz, betreffend die **Abzahlungsgeschäfte.** Vom 16. Mai 1894. Von **J. Hoffmann.** Zweite vermehrte Auflage besorgt von Dr. **E. Wilke,** Landgerichtsrath. 1 M. 20 Pf.

35. Die **Reichs-Eisenbahngesetzgebung.** Von **W. Coermann,** Kaiserl. Amtsrichter. 1895. 2 M. 25 Pf.

36. Gesetze, betr. die **privatrechtlichen Verhältnisse der Binnenschifffahrt und der Flößerei.** Erläutert von **H. Makower.** Dritte Auflage bearbeitet von **E. Löwe,** Landgerichtsrath. 3 M.

37. Gesetz zur **Bekämpfung des unlauteren Wettbewerbes.** Vom 27. Mai 1896. Von Dr. **R. Stephan,** Geh. Regierungsrath. Dritte Auflage. 1 M.

38/39. **Bürgerliches Gesetzbuch nebst Einführungsgesetz.** Nach dem Tode des ursprünglichen Herausgebers Reichsgerichtsraths a. D. Dr. **A. Achilles** in Verbindung mit Professor Dr. **André,** Landrichter

Ritgen, Landrichter **Strecker,** Ober-Regierungsrath Dr. **Unzner** herausgegeben von Geh. Ober-Justizrath **Greiff.** Vierte Auflage. 8°. 6 M. 50 Pf.

Dieser Band ist in größerem Format erschienen!

40. Gesetz, betr. die **Pflichten der Kaufleute bei Aufbewahrung fremder Werthpapiere (Depotgesetz).** Mit Erläuterungen. Von **F. Lusensky,** Geh. Regierungsrath. 90 Pf.

41. **Börsengesetz.** Vom 22. Juni 1896. Nebst Ausführungsbestimmungen. Unter Mitwirkung des Direktors im Reichsamt des Innern **A. Wermuth** bearbeitet von Regierungsrath **H. Brendel.** 1 M. 50 Pf.

42. **Grundbuchordnung** nebst den preußischen Ausführungsbestimmungen. Mit Einleitung. Von Professor Dr. **O. Fischer.** Dritte Auflage. 2 M. 25 Pf.

43. Die Gesetzgebung, betr. die **Zwangsvollstreckung in das unbewegliche Vermögen** im Reiche und in Preußen. Mit Einleitung, Kosten- und Gebührentabellen. Von Dr. **J. Krech,** Kaiserl. Geh. Regierungsrath und Professor Dr. **O. Fischer.** Vierte Auflage. 2 M.

44. Das Reichsgesetz über das **Auswanderungswesen** vom 9. Juni 1897 nebst Ausführungsverordnungen und Anlagen. Unter Benutzung amtlicher Quellen. Von Professor Dr. **Felix Stoerk.** 2 M. 25 Pf.

45. Das **Entmündigungsrecht** unter Berücksichtigung der für Preußen geltenden Vorschriften nebst der preußischen Justiz-Ministerial-Verfügung vom 28. November 1899. Text der civil- und prozeßrechtlichen Bestimmungen mit Erläuterungen von Landgerichtsrath Dr. **P. Koll** in Cöln. 1 M. 50 Pf.

46. Die Gesetze des Reiches und Preußens über die **freiwillige Gerichtsbarkeit.** Mit Einleitung von **Herm. Jastrow,** Amtsgerichtsrath. Dritte Auflage. 3 M.

47. Das **deutsche Vormundschaftsrecht** und das preuß. Gesetz über die Fürsorgeerziehung Minderjähriger nebst den dazu gehörigen preußischen Nebengesetzen. Mit Einleitung und Erläuterungen von **Max Schultzenstein,** Oberverwaltungsgerichtsrath und Amtsgerichtsrath Dr. **Paul Köhne.** Zweite Auflage 3 M.

48. Gesetze und Verordnungen, betr. den **Drogen-, Gift- und Farbenhandel** außerhalb der Apotheken. Von Dr. **Broh,** Rechtsanwalt. 1 M. 25 Pf.

49. Deutsche **Kolonialgesetzgebung.** Von Professor Dr. **Philipp Zorn.** 4 M. 50 Pf.

50. Der **Viehkauf** (Viehgewährschaft) nach dem Bürgerlichen Gesetzbuche. Mit Erläuterungen von Rechtsanwalt Dr. **H. Stölzle.** Nebst Verordn. betr. die Hauptmängel und Gewährsfristen beim Viehhandel. Von **H. Weiskopf,** Königl. Kreisthierarzt in Augsburg. Dritte Auflage. 3 M.

51. **Hypothekenbankgesetz** vom 13. Juli 1899. Von Dr. **H. Göppert,** Gerichts-Assessor. 1 M. 80 Pf.

52. Gesetz, betreffend die gemeinsamen **Rechte der Besitzer von Schuldverschreibungen.** Von Dr. **Heinrich Göppert,** Gerichts-Assessor. 2 M.

53. **Reichspreßgesetz** vom 7. Mai 1874 nebst den einschlägigen Bestimmungen des Strafgesetzbuchs, der Gewerbeordnung 2c. Kommentar von **A. Born,** Polizeiassessor. 1 M. 50 Pf.

54. Die Reichsgesetzgebung über den Verkehr mit **Nahrungsmitteln, Genußmitteln** und **Gebrauchsgegenständen.** Von Dr. **Georg Lebbin,** Nahrungsmittelchemiker. 2 M. 25 Pf.

55. Das Recht der **Beschlagnahme von Lohn- und Gehaltsforderungen.** Auf Grundlage der Reichsgesetze vom 21. Juni 1869 u. 29. März 1897 und der Civilprozeßordnung. Von Rechtsanwalt **Georg Meyer.** 2 M.

56. Gesetz, betr. die **Bekämpfung gemeingefährlicher Krankheiten.** Nebst Ausführungsbestimmungen. Von Dr. **Bruno Burkhardt,** Regierungsrath, Mitglied des Kais. Gesundheitsamts. 1 M. 40 Pf.

57. **See-Unfallversicherungsgesetz.** Von **Dr. Max Mittelstein,** Oberlandesgerichtsrath in Hamburg. 2 M.

58. **Das Recht der unehelichen Kinder.** Ausgabe aller einschlägigen Bestimmungen des B.G.B. Von **Hermann Jastrow,** Amtsgerichtsrath. 1 M. 80 Pf.

59. Reichsgesetz über die **Beurkundung des Personenstandes und die Eheschließung.** Von Dr. **F. Fidler,** Amtsgerichtsrath. 1 M. 80 Pf.

60. Gesetz, betreffend das **Urheberrecht an Werken der Litteratur und der Tonkunst.** Von Gerichtsassessor **Otto Lindemann.** 1 M. 50 Pf.

61. Gesetz über das **Verlagsrecht.** Von Justizrath **Ernst Heinitz.** 1 M. 50 Pf.

62. Gesetz über die **privaten Versicherungsunternehmungen.** Von **H. Königs,** Ob.-Landsger.-Rath. 3 M.

63. **Gesetzestafel des Deutschen Reichsrechts.** Systematisch geordnete Nachweisung des z. Z. geltenden Reichsrechts. Ergänzungsband zu der Guttentag'schen Sammlung Deutscher Reichsgesetze. Von **Hugo Bruhns,** Syndikus. 2 M. 50 Pf.

64. Gesetzsammlung betr. den **Handel mit Drogen und Giften.** Reichsgesetzl. Bestimmungen und Anhang mit den landesgesetzl. Verordnungen sämmtlicher Bundesstaaten. Von Rechtsanwalt **H. Sonnenfeld,** Syndikus der Berliner Drogisten-Innung. 3 M.

65. Das **Weingesetz** vom 24. Mai 1901. Mit Ausführungsbestimmungen erläutert von Dr. **Georg Lebbin,** Handels- und Gerichtschemiker zu Berlin. 1 M. 50 Pf.

66. Die **Eisenbahn-Gesetzgebung.** Von **W. Pietsch,** Geh. exp. Sekretär im Reichs-Eisenbahn-Amt. 5 M.

67. **Militär-Strafgesetzbuch.** Mit den Entscheidungen des Reichs-Militärgerichts von Dr. **Paul Herz,** Senats-Präsident am Reichs-Militärgericht und Kriegsgerichtsrath Dr. **Georg Ernst.** 3 M.

68. Das **Fleischbeschaugesetz.** Vom 3. Juni 1900. Mit Ausführungsges. u. Verordnungen im Reiche und in Preußen. Von Dr. **Georg Lebbin,** Gerichtschemiker und Rechtsanwalt Dr. **Georg Baum.** 4 M.

69. Reichsgesetz über die **Naturalleistungen der bewaffneten Macht im Frieden** nebst den zugehörigen in Preußen geltenden Bestimmungen. Von Regierungsassessor Dr. **Walter v. Hippel.** 1 M. 25 Pf.

70. Das **Reichs-Haftpflichtgesetz,** betr. die Verbindlichkeit zum Schadensersatz für die bei dem Betriebe von Eisenbahnen, Bergwerken, Steinbrüchen, Gräbereien und Fabriken herbeigeführten Tödtungen und Körperverletzungen, vom 7. Juni 1871. Von Regierungsrath Dr. **G. Eger.** Preis 3 M.

71. **Kinderarbeit in gewerblichen Betrieben,** v. 30. März 1903. Nebst der Preuß. Ausführ.-Anw. v. 30. Nov. u. d. Bek. des Reichskanzlers v. 17. Dez. 1903. Von **H. Spangenberg,** Oberverwaltungsgerichtsrath. Zweite vermehrte Auflage. 1 M. 60 Pf.

72. **Unfallversicherungsgesetz für Land- und Forstwirtschaft** vom wirkl. Geh. Rat Dr. **E. von Woedtke,** fortgesetzt von Dr. **Alfred Radtke,** Geh. Regierungsrat und Senatspräs. im Reichsversicherungsamt. 4 M. 50 Pf.

73. **Entschädigung für unschuldig erlittene Verhaftung und Bestrafung.** Nebst Anhang, enth. die dazu gehörigen Nebengesetze über Schadensersatz. Von Dr. jur. **A. Romen,** Geh. Kriegsrat und vortr. Rat im Kriegsministerium. 2 M.

74. Die **Kaufmannsgerichte.** Von Dr. **Max Apt,** Syndikus der Korporation der Berliner Kaufmannschaft. 1 M. 50 Pf.

Nachtrag: **Preuß. Ausführungsbestimmungen.** 50 Pf.

Guttentag'sche Sammlung
Preußischer Gesetze.

Text-Ausgaben mit Anmerkungen. Taschenformat.

1. Die **Verfassungs-Urkunde** für den Preußischen Staat. Mit Einleitung, vollständigem Kommentar. Von Prof. Dr. **Adolf Arndt.** Fünfte Auflage. 3 M.

2. Preußische **Beamten-Gesetzgebung.** Enthaltend die wichtigsten Beamtengesetze in Preußen. Von **C. Pfafferoth.** Dritte Auflage. 1 M. 50 Pf.

3. **Die Aufnahme des Nottestaments** durch die bestellten besonderen Urkundspersonen. Anweisung vom 15. März 1904. Erläutert mit Musterbeispielen

und einem Abriß des Erbrechts von Amtsgerichtsrath **C. Kurtz.** 1 M. 50 Pf.

4. **Gebührenordnung** für **Notare** vom 25. Juni 1895 nebst den einschlägigen Vorschriften des Preußischen Gerichtskostengesetzes. Von **R. Sydow.** Zweite Auflage bearbeitet von Dr. **E. Mosler,** Gerichtsassessor. 1 M. 50 Pf.

5. Gesetz vom **24. April 1854 (betr. die außereheliche Schwängerung).** Von Dr. **Schulze.** 75 Pf.
   Seit dem 1. Januar 1900 gültiges Recht siehe: Reichsgesetze Nr. 58.

6. Die Preuß. **Ausführungsgesetze und Verordnungen zu den Reichs-Justizgesetzen.** Von **R. Sydow.** Dritte vermehrte Auflage. 1895. 2 M. 40 Pf.
   Siehe Seite 21, Busch, Ausführungsgesetze.

7. **Allg. Gerichtsordnung** vom 6. Juli 1793 und Preuß. **Konkursordnung** vom 8. Mai 1885. Von **F. Vierhaus,** Geh. Ober-Justizrath. Vergriffen.

8. **Vormundschaftsordnung.** Von **F. Schultzenstein.** Gültiges Recht siehe: Reichsgesetze Nr. 47.

9. Die Preußische **Grundbuchgesetzgebung.** Von Prof. Dr. **Fischer.** Vergriffen. Siehe: Reichsgesetze Nr. 42.

10. **Einkommensteuergesetz.** Von **A. Fernow,** Geh. Finanzrath. Fünfte Auflage. 2 M. 50 Pf.

11. **Gewerbesteuergesetz.** Von **A. Fernow,** Geh. Finanzrath. Vierte, vermehrte u. verbesserte Auflage. 2 M.

12. **Allgemeines Berggesetz** für die preußischen Staaten und die auf dasselbe bezüglichen Gesetze und Verordnungen. Von **E. Engels.** Dritte Auflage. In Vorbereitung.

13. **Ergänzungssteuergesetz** (Vermögenssteuergesetz). Von **A. Fernow,** Geh. Finanzrath. Dritte vermehrte Auflage. 1 M. 50 Pf.

14. **Kommunalabgabengesetz.** Vom 14. Juli 1893 und Gesetz wegen Aufhebung direkter Staatssteuern. Von Dr. **F. Adickes,** Oberbürgermeister. Dritte Auflage. 1 M. 50 Pf.

15. Die **Kreisordnungen** für den Preußischen Staat. Von **O. Kolisch,** Landgerichtsrath. 1894. 4. M.

16. **Concessionirung gewerblicher Anlagen.** Preuß. Ausführungs-Anweisung zu §§. 16 u. ff. der Gewerbe-Ordnung. Von Dr. **W. v. Rüdiger,** Geh. Regierungs- u. Gewerberath. Zweite Auflage. 2 M.

17. Preußisches **Gerichtskostengesetz.** Mit Kostentabellen. Von Dr. **P. Siméon,** Landrichter. Vierte Auflage. 2 M. 25 Pf.

18. Preußisches **Stempelsteuergesetz** vom 31. Juli 1895. Mit den gesammten Ausführungsbestimmungen und vollständigen Tabellen. Von **P. Loeck,** Regierungsrath. Fünfte Auflage. 5 M.

Dieser Band ist in größerem Format erschienen.

19. Das **Jagdscheingesetz.** Mit ausführlichen Erläuterungen nebst der Ausführungsverfügung. Von **F. Kunze,** Wirklichem Geh. Ober-Regierungsrath. Zweite Auflage. 2 M.

20. Gesetz, betr. die **Erbschaftssteuer.** Unter Berücksichtigung der Novelle vom 31. Juli 1895. Von Regierungsrath **P. Loeck.** 1 M. 80 Pf.

21. Gesetz über die **Handelskammern.** Vom 19. August 1897. Mit Erläuterungen von **F. Lusensky,** Geh. Regierungsrath. 3 M.

22. Gesetz, betr. **Anstellung und Versorgung der Kommunalbeamten.** Mit Ausführungsanweisung. Von Dr. **W. Ledermann,** Magistratsassessor zu Berlin. 1 M. 25 Pf.

23. **Ausführungsgesetz zum Bürgerlichen Gesetzbuche.** Von Landrichter Dr. **P. Siméon.** 1 M. 60 Pf.

24. Die **Hinterlegungsordnung** in der Fassung des Ausführungsgesetzes z. B.G.B. v. 20. Sept. 1899 nebst Ausführungsbestimmungen. Von Regierungsassessor Dr. **Georg Bartels.** 1 M. 50 Pf.

25. **Preußische Kommunalbeamtengesetzgebung.** Von Magistratsassessor Dr. **Fr. Kremski,** Berlin. 3 M.

26. Die Preußischen Gesetze über das **Diensteinkommen der Lehrer und Lehrerinnen, ihren Ruhegehalt und die Fürsorge für ihre Hinterbliebenen,** sowie einer Tabelle zur Berechnung der Ruhegehalts-, Wittwen- und Waisenbezüge. Von Dr. **Ed. Cremer,** Beigeordneter. 2 M. 40 Pf.

27. Gesetz, betreffend die **Waarenhaussteuer.** Von Geh. Ober-Finanzrath Dr. **G. Strutz.** 1 M. 20 Pf.

28. Gesetz über die **Fürsorgeerziehung Minderjähriger.** Nebst Ausführungsanweisungen. Von Landgerichtsrath Dr. **P. F. Aschrott.** 2 M. 80 Pf.

29. Gesetz, betr. **die ärztlichen Ehrengerichte, das Umlagerecht und die Kassen der Aerztekammern.** Von Amtsgerichtsrath Dr. **Fidler.** 1 M. 50 Pf.

30. Die das **Preußische Staatsschuldbuch** und **Reichsschuldbuch** betr. Gesetze nebst Ausführungsbestimmungen. Von Wirkl. Geh. Ober-Finanzrath **J. Mücke,** Mitglied der Staatsschuldenverwaltung. 2 M.

31 a. **Die geltenden Preußischen Gesindeordnungen.** Herausgegeben in zwei Bänden von **Stephan Gerhard,** Rechtsanwalt in Berlin.

Band I: Gesindeordnung für die altpreußischen Provinzen vom 8. XI. 1810, mit Erläuterungen unter Berücksichtigung der Ergänzungsgesetze und der Rechtsverhältnisse der Gesindevermiether, sowie die Gesindeordnung für Neuvorpommern und Rügen und für die Rheinprovinz. 2 M. 50 Pf.

31 b. **Band II:** Gesindeordnungen für Hannover, Schleswig-Holstein, Hessen-Nassau und den Regierungsbezirk Hohenzollern. 2 M. 50 Pf.

32. **Die Städteordnung für die sechs östlichen Provinzen** Preußens vom 30. Mai 1853 nebst ihren gesetzlichen

Ergänzungen. Von **Dr. jur. Walter Ledermann,** Magistrats-Assessor zu Berlin. 6 M.

Dieser Band ist in größerem Format erschienen!

33. **Rentenguts- und Anerbenrechts-Gesetzgebung in Preußen.** Von Landgerichtsrath **M. Peltasohn** und Rechtsanwalt **Bruno Peltasohn.** 3 M.

34. Sammlung der wichtigsten **Preußischen Strafgesetze** nebst Anhang: Gesetz betr. polizeiliche Strafverfügungen vom 23. April 1883. Von **Otto Lindemann,** Amtsrichter. 2 M. 50 Pf.

Inhalt: Mobiliar-Feuerversicherung — Chausseegeld — Jagdpolizei — Jagdschein — Wild-Schonzeit — Fischerei — Versammlungs- u. Vereinigungsrecht — Belagerungszustand — Gesindedienstpflichten — Mineraliengewinnung und -Aneignung — Schlachthäuser — Dampfkesselbetrieb — Wandergewerbebetrieb — Reblausverbreitung — Forstdiebstahl — Wald- u. Wassergenossenschaften — Feld- u. Forstpolizei — Lotteriespiel — Verkehrsabgaben — Landestrauer.

35. **Geschäftsordnung für Gerichtsvollzieher.** Gerichtsvollzieherordnung und Gebührensätze von Amtsgerichtssekretär a. D. **Emil Exner.** 3 M. 50 Pf.

36. Die Gesetzgebung über **Polizeiverordnungen in Preußen** von **Otto Lindemann,** Amtsrichter in Köslin. 1 M. 50 Pf.

Guttentag'sche Sammlung von Text-Ausgaben mit Sachregister ohne Anmerkungen.

Militärstrafgerichtsordnung für das Deutsche Reich, nebst **Einführungsgesetz** und Gesetz, betr. die Dienstvergehen der richterlichen Militärjustizbeamten und die unfreiwillige Versetzung derselben in eine andere Stelle oder in den Ruhestand. **Militär-Strafgesetzbuch** mit Abdruck der entsprechenden Bestimmungen des Reichs-Strafgesetzbuchs. Zweite Auflage. 1 M. 50 Pf.

Reichsstempelgesetz (Börsensteuergesetz). Mit Tabellen zur Berechnung der Reichsstempelabgaben. 1 M. 50 Pf.

Bürgerliches Gesetzbuch nebst Einführungsgesetz unter Einfügung der preußischen Ausführungsbestimmungen bearbeitet von Dr. **Paul Winter,** Landrichter. Zweite Ausgabe. 8°. Geb. Preis 3 M.

Handbuch des Testamentsrechts

mit zahlreichen Beispielen und Formularen.

Dargestellt von **Heinrich Peiser,** Landgerichtsrat in Danzig. gr. 8°. Preis 8 M., geb. in ganz Leinen 9 M.

Das Bürgerliche Recht Deutschlands mit Einschluß des Handelsrechts historisch und dogmatisch dargestellt von **A. Engelmann,** Oberlandesgerichtsrat. Zweite durchgearbeitete Auflage. gr. 8°. Preis 14 M., geb. in Leinen 15 M.

Wie leitet man eine Versammlung? Geschäftlicher Handweiser für Vorsitzende. Von einem Mitgliede des Deutschen Reichstags und des Preußischen Abgeordnetenhauses. kl. 8°. Preis in elegantem Einbande 1 M.

Ein nützliches und notwendiges Büchlein.

Holtgreven, Dr. A., Präsident des Oberlandesgerichts in Hamm und Dr. **Th. Wolff,** Oberlandesgerichtsrath. Das Wildschadengesetz vom 11. Juli 1891. Kommentar. Vierte Auflage. 8°. Geb. 4 M. 50 Pf.

Arndt, Dr. Adolf, Professor. Verfassung des Deutschen Reichs. Mit Einleitung und Kommentar. Zweite Auflage. 8°. Geb. 4 M. 50 Pf.

Behrens, Paul, Handbuch für Vereine bei Aufstellung, Berathung und Aenderung der Vereins-Satzungen. 8°. Preis geb. 1 M.

Born, A., Polizei-Assessor in Königsberg i. Pr. Das preußische Baupolizeirecht nebst den einschlägigen Bestimmungen des Ansiedelungs-, Feld- und Forstpolizei-, Waldschutz- und Deichgesetzes, sowie dem Fluchtlinien-, Rayongesetz und dem Gesetz über die Zulässigkeit des Rechtsweges gegen polizeiliche Verfügungen. Kommentar. gr. 8°. Preis 10 M., geb. 11 M.

Delius, Dr. jur. H., Landgerichtsrath. Die Haftpflicht der Beamten. 8°. Preis geb. 2 M.

Delius, Dr. jur. H., Landgerichtsrath. Die Rechtsverhältnisse der geschlossenen Gesellschaften und Vereine nach Preußischem Recht unter besonderer Berücksichtigung der Befugnisse der Polizeibehörden. 8°. Preis in Leinenband 1 M. 60 Pf.

Das Gesetz betreffend die Anlegung und Veränderung von Straßen und Plätzen in Städten und ländlichen Ortschaften vom 2. Juli 1875. Des Kommentars von weil. Oberverwaltungsgerichtsrath **R. Friedrichs** fünfte völlig neubearbeitete Auflage bearbeitet von Dr. jur. **Hugo v. Strauß und Torney,** Senatspräsident am Oberverwaltungsgericht. 8°. Geb. Im Druck.

Ottermann, Carl, Stadtrath in Dortmund. Das Fluchtliniengesetz vom 2. Juli 1875. Erläuternde Abhandlung. 8°. 1 M. 25 Pf.

Könige, H., Oberlandesgerichtsrath. Handelsgesetzbuch vom 10. Mai 1897 nebst Abdruck des Gesetzes über die Angelegenheiten der freiwilligen Gerichtsbarkeit und Gerichtsverfassungsgesetz (Titel 7, Kammern für Handelssachen). 8°. Geb. in ganz Leinen 4 M. 50 Pf.

Telegraphenwege-Gesetz vom 18. Dezember 1899 nebst den vom Reichskanzler erlassenen Ausführungsbestimmungen vom 26. Januar 1900 und den Erläuterungen und Ausführungsanweisungen des Reichs-Postamts. Amtliche Ausgabe. 8°. Geb. in ganz Leinen 1 M.

Wilhelmi, Dr. L., Das Handwerkergesetz vom 26. Juli 1897. Mit Einleitung und Bemerkungen unter besonderer Berücksichtigung der Ausführungs-Anweisungen der größeren Bundesstaaten. Geb. in ganz Leinen 6 M.

J. Guttentag, Verlagsbuchhandlung, G. m. b. H.
in Berlin W 35.

Das Recht des Bürgerlichen Gesetzbuchs

vom 18. August 1896.

Ein dogmatisches Lehrbuch

von

Dr. Ernst Landsberg,

ordentl. Professor der Rechte zu Bonn.

gr. 8°. Zwei Bände. 1350 Seiten.

Preis brosch. 25 M., geb. in Halbfranz 28 M.

Das Werk bezweckt eine möglichst kurze und dogmatische Darstellung des Rechtsstoffes, welcher durch das Bürgerliche Gesetzbuch gegeben ist. Es soll möglichst kurz sein, deshalb umfaßt es nicht das ganze sonstige bürgerliche Recht, sondern berücksichtigt dasselbe nur durch gelegentliche Ausblicke und Verweisungen. Aber es soll doch klar und für den Anfänger faßlich sein, deshalb ist die Erörterung, namentlich in den ersten Abschnitten, etwas eindringlicher angelegt, der starre Lehrbuchton vermieden.

Auf diese Weise hofft Verfasser noch eine Lücke in unserer Literatur ausgefüllt zu haben, und dem Lernenden wie dem Praktiker eine allgemein brauchbare, aus der Praxis und Theorie anregende Gabe zu bieten.

Schlagwort-Register.

R. = Nummer der Sammlung Deutscher **Reichs**gesetze.
P. = Nummer der Sammlung **Preußischer** Gesetze.
S. = Seite.

Abänderung der Gewerbeordnung S. 20, R. 6.
Abzahlungsgeschäfte R. 34.
Aerztekammern P. 29.
Aerztl. Ehrengerichte P. 29.
Aktienrecht R. 24.
Altersversicherungsges. R. 30.
Anerbenrechtsgesetz P. 33.
Anfechtungsgesetz R. 13.
Ansiedelungsgesetz S. 24.
Anstellung der Kommunalbeamten P. 22.
Arbeiterschutzgesetz R. 6.
Arbeiterversicherungsgesetze R. 20, 23, 28, 30, 57.
Arzneimittel R. 6, 64.
Ausführungsgesetze z. BGB. P. 23, S. 21.
Ausführungsgesetze zu den Reichsjustizgesetzen P. 6, S. 22.
Auswanderungsgesetz R. 9, 44.
Ausführungsanweisung zur Gew.O. S. 20.

Bankgesetz R. 26.
Baufluchtengesetz S. 24, 25.
Bauunfallversicherungsgesetz R. 28.
Baupolizeirecht S. 23.
Beamtengesetze R. 10, P. 2, S. 24.
Bekämpfung gemeingefährlicher Krankheiten R. 56.
Belagerungszustand P. 34.
Berggesetz P. 12.
Beschlagnahme von Lohn- und Gehaltsforderungen R. 55.
Beurkundung des Personenstandes R. 59.
Binnenschiffahrtsgesetz R. 36.
Blei- u. zinkhaltige Gegenst. R. 9.
Börsengesetz R. 41.
Börsensteuergesetz R. 18, S. 21.
Brausteuererhebung R. 25.
Bundes- und Staatsangehörigkeit R. 8.
Bürgerliche Gesetzsammlung für Preußen S. 22.
Bürgerliches Gesetzbuch R. 38/39, S. 20, 21.
Bürgerliches Rechts-Lexikon S. 22.
Bürgerliches Recht S. 21, 25.

Civilprozeßordnung R. 11, S. 20.
Chausseegeld P. 34.

Dampfkesselbetrieb R. 6, P. 34.
Deichgesetz S. 24
Depotgesetz R. 40.
Diensteinkommen der Lehrer und Lehrerinnen P. 26.
Drogenhandel außerhalb der Apotheken R. 48, 64.

Eheschließungsgesetz R. 59.
Einkommensteuergesetz P. 10.
Eisenbahngesetzgebung R. 66, 35.
Elektrizitäts-Diebstahl R. 2.
Entmündigungsgesetz R. 45.
Entschädigung der im Wiederaufnahmeverfahren freigesprochenen Personen R. 12.
Entschädigung für unschuldige Verhaftung und Bestrafung R. 73.
Entziehung elektr. Arbeit R. 2.
Erbschaftssteuergesetz P. 20.
Ergänzungssteuergesetz P. 13.
Erwerbs- und Wirthschaftsgenossenschaften R. 29.

Farbenhandel außerhalb der Apotheken R. 48.
Farbengesetz R. 9, 48.
Feingehalt der Gold- und Silberwaren R. 9.
Feld- u. Forstpolizeiges. S. 24, P. 34.
Feuerversicherung P. 34.
Fischereigesetz P. 34.
Fleischbeschauges. R. 9, 54, 68.
Flößereigesetz R. 36.
Fluchtliniengesetz S. 24.
Forstdiebstahl P. 34.
Freiwillige Gerichtsbarkeit R. 46, S. 25.
Freizügigkeit R. 8.
Fürsorgeerziehung Minderjähriger R. 47, P. 28.

Gast- u. Schankwirthschaftsgehilfen R. 6.
Gebrauchsgegenstände, Gesetz über den Verkehr damit R. 9, 54.
Gebrauchsmusterschutzgesetz R. 9.
Gebührengesetz, Preußisches, für Rechtsanwälte und Gerichtsvollzieher R. 17.
Gebührenordnung für Gerichtsvollzieher R. 15.
Gebührenordnung für Notare P. 4.
Gebührenordnung für Rechtsanwälte R. 17.
Gebührenordnung für Zeugen und Sachverständige R. 15.
Gehaltsforderungen, Beschlagnahme von R. 55.
Genehmigung gewerblicher Anlagen P. 16.
Genossenschaftsgesetz R. 29.
Genußmittel, Verkehr damit R. 9, 54.

Gerichtsbarkeit, freiwillige R. 46, S. 25.
Gerichtskostengesetz, Deutsches R. 15.
Gerichtskostengesetz Preußisches P. 17.
Gerichtsordnung, Preuß. P. 7.
Gerichtsverfassungsgesetz R. 14, 12, S. 20.
Gerichtsvollzieher-Gebührenordnung R. 15.
Geschäftsordnung für Gerichtsvollzieher P. 35.
Gesellschaften, geschlossene S. 24.
Gesellschaften mit beschränkter Haftung R. 32.
Gesetzbuch, Bürgerliches R. 38/39, S. 20, 22.
Gesetzestafel des Deutschen Reichsrechts R. 63.
Gesetz-Sammlung, Preuß. S. 23.
Gesindedienstpflichten P. 34.
Gesindeordnungen, Preußische P. 31a, 31b.
Gesundheitswesen R. 27.
Gewerbebetrieb im Umherziehen R. 6, P. 34.
Gewerbegerichte R. 31.
Gewerbeordnung R. 6, S. 20, 24.
Gewerbe-Unfallversicherungsgesetz R. 23.
Gewerbesteuergesetz, Preußisches P. 11.
Gifthandel außerhalb der Apotheken R. 48, 64.
Gold- u. Silberwaaren-Feingehalt R. 9.
Grundbuchordnung R. 42.
Grundbuchgesetzgebung, Preußische P. 9.

Haftpflicht d. Beamten S. 23.
Haftung, Gesellschaften mit beschränkter R. 32.
Handelsgesetzbuch R. 4, S. 20, 24.
Handelskammergesetz P. 21.
Handfeuerwaffen R. 9.
Handwerkergesetz S. 24, R. 6.
Hilfskassen eingeschr. R. 20.
Hinterlegungsordnung P. 24.
Hypothekenbankgesetz R. 51

Jagdpolizeigesetz P. 34.
Jagdscheingesetz P. 19, 34.
Inhaberpapiere mit Prämien R. 9.
Invalidenversicherung R. 30.

Kaufmannsgerichte R. 74.
Kiautschou-Gebiet, militär. Strafrechtspflege im R. 3.
Kinder, Recht der unehelichen R. 58.
Kinder, Unterbringung verwahrloster R. 47.
Kinderarbeit, gewerbl. R. 2, 71.
Kinderschutzgesetz R. 71.

Kolonialgesetzgebung R. 49.
Kommunalabgabengesetz P. 14.
Kommunalbeamtengesetz P. 22.
Kommunalbeamtenrecht P. 25, S. 25.
Konkursordnung R. 13, S. 20.
Konkursordnung, Preuß. P. 7.
Konsulargesetzgebung R. 21.
Krahnbauverwaltung P. 34.
Krankenversicherungsgesetz R. 20.
Kreisordnungen P. 15.

Ladenschluß-Novelle S. 21.
Landesgesetze, privatrechtliche S. 23.
Landestrauer P. 34.
Landrecht, Preußisches S. 22.
Lehrergehalts- u. -Pensionsgesetze P. 26.
Lohnforderungen, Beschlagnahme von R. 55.
Lotteriespiel P. 34.

Maaß- u. Gewichtsordnung R. 9a.
Mantelgesetz R. 23.
Margarinegesetz R. 9, 54.
Markenschutzgesetz R. 22b.
Medicinalgesetzgebung R. 27.
Militärische Geheimnisse. Verrath R. 9.
Militärstrafgerichtsordnung R. 3, S. 21.
Militärstrafgesetzbuch R. 67, S. 20.
Minderjährige, Fürsorgeerziehung für R. 47, P. 28.
Mineraliengewinnung und Aneignung P. 34.
Mobiliar-Feuerversich. P. 34.
Modellschutzgesetzgeb. R. 9.
Münzwesen R. 26.
Musterschutzgesetz R. 9, 22a.

Nahrungsmittelgesetze R. 9, 54, 65.
Naturalleistung für die bewaffnete Macht R. 69.
Nebengesetze zum BGB. R. 4, 11, 12, 13, 14, 29, 32, 36, 42, 43, 46, S. 20, 22.
Notare, Gebührenordnung für preußische P. 4.
Notenbankwesen R. 26.
Nottestament P. 3.

Patentgesetz R. 9, 22a.
Personenstandsgesetz R. 9, 59.
Pflichten der Kaufleute bei Aufbewahrung fremder Werthpapiere R. 40.
Photographieschutz R. 9.
Polizeiverordnungen i. Preußen P. 36.
Postgesetze R. 7.
Preßgesetz R. 9, 53.
Preußische Verfassung P. 1.
Privatrechtliche preußische Landesgesetze S. 23.

Privatrechtliche Reichsgesetze R. 9a.

Rayongesetz R. 9a, S. 24.
Reblausgesetz R. 9a, P. 34.
Rechte der Besitzer v. Schuldverschreibungen R. 52.
Rechtsanwalts-Gebührenordnung R. 17.
Rechtanwaltsordnung R. 16.
Rechtslexikon S. 22.
Reichsbeamtengesetz R. 10.
Reichseisenbahngesetzgebung R. 35, 66.
Reichsgewerbeordnung R. 6, S. 21, 24.
Reichsgrundbuchordnung R. 42.
Reichs-Justizgesetze S. 20, R. 11, 12, 13.
Reichs-Justizgesetze, Ausführungsges. dazu S. 22.
Reichskassenscheine R. 9.
Reichsmilitärgesetz R. 9a.
Reichspreßgesetz R. 53.
Reichsschuldbuch P. 30.
Reichsseuchengesetz R. 9, 56.
Reichsstempelges. R. 18, S. 21.
Reichsverfassung R. 1, S. 24.
Rentengutsgesetze P. 33.
Rinderpest R. 9.

Saccharingesetz R. 9, 54.
Schadensersatz b. unschuldiger Verhaftung u. Verurteilung R. 73.
Schlachthäuser P. 34.
Schlachtviehgesetz R. 9, 54, 68.
Schonzeit des Wildes P. 34.
Schuldverschreibungsgesetz R. 52.
Schutztruppen, militär. Strafverfahren R. 3.
Schwängerung, außereheliche R. 58, P. 5.
Seegesetzgebung R. 19.
See-Unfallversicherungsgesetz R. 57.
Seuchengesetz R. 56.
Sklavenhandel R. 9
Sozialpolitische Gesetze R. 20, 23, 28, 30, 57.
Sprengstoffgesetz R. 2, 9.
Staatsangehörigkeit, Erwerb und Verlust R. 8.
Staatsschuldbuch P. 30.
Staatssteuern, Gesetz betr. Aufhebung direkter P. 14.
Städteordnung für die 6 östlichen Provinzen P. 32.
Stempelsteuergesetz f. Preußen P. 18.
Stempelsteuergesetz für das Reich R. 18, S. 21.
Steuergesetze R. 5, 18, 25, P. 10, 11, 13, 14, 18, 20, 27, S. 21, 24.
Strafgesetzbuch R. 2.
Strafgesetze, preuß. P. 34.
Strafprozeßordnung R. 12, S. 20.
Strafrechtliche Reichsgesetze R. 9 b.

Straßen- und Baufluchtengesetz S. 24.
Süßstoffe, künstliche R. 9, 54, 64.

Telegraphengesetze R. 7.
Telegraphenwegegesetz S. 24.
Testamentsrecht S. 20, P. 37.

Uneheliche Kinder R. 58.
Unfallversicherungsgesetz R. 23, 28, 72, S. 25.
Unlauterer Wettbewerb R. 37.
Unterbringung verwahrloster Kinder R. 47, P. 28.
Unterstützungswohnsitz R. 8.
Urheberrechtsgesetze R. 9, 60, 22 a.

Vereins- und Versammlungsrecht in Deutschland R. 33, S. 23, 24, P. 34.
Verfälschung von Nahrungsmitteln R. 54.
Verfassung des Deutschen Reichs R. 1, S. 24.
Verfassung des Preußischen Staats P. 1.
Verkehrsabgaben P. 34.
Verlagsrecht R. 61.
Vermögenssteuergesetz P. 13.
Verrath militärischer Geheimnisse R. 2, 9.
Versicherungsunternehmungen, private R. 62.
Versorgung der Kommunalbeamten P. 22.
Verwendung gesundheitsschädlicher Farben R. 54.
Viehkauf (Viehgewährschaft) und Viehhandel R. 50.
Viehseuchengesetz R. 9a.
Vormundschaftsordnung, preußische P. 8.
Vormundschaftsrecht, Deutsches R. 47.

Waarenbezeichnungen R. 9, 22 b.
Waarenhaussteuergesetz P. 27.
Wald- und Wassergenossenschaft P. 34.
Waldschutzgesetz S. 24.
Wandergewerbebetrieb P. 34.
Wechselordnung R. 5.
Wechselstempelsteuergesetz R. 5.
Weingesetz R. 9, 54, 64, 65.
Werthpapiere, Depotgesetz R. 40.
Wettbewerbes, Bekämpfung des unlauteren R. 9, 37.
Wildschadengesetz S. 23.
Wild-Schonzeit P. 34.
Wuchergesetz R. 2.

Zwangserziehung R. 47.
Zwangsversteigerung an Immobilien R. 43.
Zwangsvollstreckungsgesetz R. 43.

FSC
www.fsc.org
MIX
Papier | Fördert gute Waldnutzung
FSC® C083411

Kolibri 360 GmbH
Ferdinand-Jühlke-Straße 7
99095 Erfurt, Deutschland
produktsicherheit@kolibri360.de